Schleswig-Holstein - 40 Städte - historisch

Paludanus-Haus in
Friedrichstadt.

Schleswig-Holstein
40 Städte – historisch

109 Originaltexte aus den Jahren 1780 bis 1921
mit 204 Abbildungen

Werner Scharnweber

Edition Temmen

Inhalt

Ahrensburg

Bad Bramstedt

Bad Oldesloe

Bad Segeberg

Bredstedt

Büdelsdorf

Eckernförde

Elmshorn

Eutin

Kaltenkirchen

Kappeln

Kellinghusen

Kiel

Krempe

Lauenburg a.d. Elbe

Lübeck

Meldorf

Mölln

Neumünster

Neustadt

Niebüll

Oldenburg

Pinneberg

Plön

Preetz

Ratzeburg

Reinbek

Rendsburg

Schleswig

Wedel

Wilster

Anhang

Eine notwendige Vorbemerkung

In diesem Buch werden 40 Orte vorgestellt, die heute kommunalrechtlich den Status „Stadt“ besitzen. Einige davon waren vor 100/150/200 Jahren noch ein Dorf oder ein Flecken.

109 unveränderte historische Originaltexte berichten authentisch den „Ist-Zustand“ der (heutigen) Städte in der Zeit zwischen 1780 und 1921.

Am Ende eines jeden Berichts ist die jeweilige Quelle angegeben. Die Vorstellung erfolgt nach den Städtenamen in alphabetischer Reihenfolge.

Die historischen Texte sind in kursiver Schrift gesetzt.

Malerisches Kappeln mit Romantik-Flair.

Ahrensburg

Ahrensburg 1824: Das Kirchdorf

"Woldenhorn (auch Ahrensburg und ehemals Oldenhorn genannt). Kirchdorf im Gut Ahrensburg; Probstei Stormarn. Die Kirche ist 1596 eingeweiht. Zur Wahl des Predigers präsentiert der Gutsbesitzer; die Gemeinde wählt. Eingepfarrte Orte: Ahrensburg, Ahrensfelde, Bünningstedt, Hagen, Steenhop, Timmerhorn, Wulfsdorf. Jahrmarkt am Montage vor Mai 1, und vor Michaelis."

(Quelle: "Topographie des Herzogthums Holstein, des Fürstenthums Lübeck, des Gebiets der freien Hansestädte Hamburg und Lübeck, und des Herzogthums Lauenburg" von Joh. Friedr. Aug. Dörfer, Diaconus der Fleckenskirche in Preetz. 4. Auflage. 1824.)

Die Ahrensburger Schloßkirche ließ Gutsherr Peter Rantzau 1596 errichten. Die heutige Ausstattung stammt im wesentlichen aus dem Jahre 1716, veranlaßt vom Gutsherrn und Kirchenpatron Detlev Rantzau. Seither ist in der Kirche üppiger Barock zu bewundern. Wie (Bild) der reichverzierte Kanzelaltar. Eine Holzschnitzarbeit, geschaffen vom Holzschnitzer Carl Göbel. Foto: 2005

Peter Rantzau (1535–1602) hatte die Gutsuntergehörigen auf Ahrensburg zu Leibeigenen gemacht. Womit er–im Gegenzug–verpflichtet war, "seine" Armen, Alten, Gebrechlichen ausreichend zu unterstützen. Er legte eine Kapitalstiftung an, deren Erlöse zum Teil diesem Zweck dienten. Und er errichtete die sogenannten "Gottesbuden": 24 Schlichtwohnungen aneinander gebaut in zwei langen Reihen. Jede Wohnung mit separatem Eingang, mit einem Eingangsbereich, der zugleich Küche war, und mit einer Stube von 16 Quadratmetern. Je zwei Personen teilten sich eine Wohnung. In der einen Budenreihe wohnten Arme und Alte des Gutes mierfrei. Sie wurden auch finanziell unterstützt. Die Wohnungen der anderen Reihe wurden vermietet. Die Mieteinnahmen verwendete der Gutsherr zur Unterhaltung seiner Schloßkirche und der "Gottesbuden".
Foto von 2005: Ahrensburger "Gottesbuden", Rückseite

Ahrensburg 1824: Das Gut

"Ahrensburg, adeliches Gut, Kirchspiel Woldenhorn. Station für ordentliche und Extrapost. Entfernung von Altona) 3 1/2, Hamburg 3, Oldesloe 3, Segeberg 4, Wandsbek**) 2 1/2 Meilen. Das Gut wurde von König Friedrich II. an Daniel Ranzau geschenkt; dessen Bruder Peter gab ihm bald nach der Reformation Namen und Einrichtung, denn vorher hieß es Olden- oder Woldenhorn. Von ihm rührt auch das noch vorhandene an seinen 4 Ecken mit Thürmen versehene Schloß her. Seit 1550 blieb es in der Familie Ranzau, bis es von dem Schatzmeister Grafen Schimmelmann gekauft und 1782 zu einem Fideicommis***) seiner Familie gemacht wurde. Schuld- und Pfandprotocoll seit 1786.Pertinenzen****) Ahrensfelde, Bagatel, Bünningstedt, Fleischgaffel, Hagen, Meielstorf, Steenhop, Stellmoor, Timmerhorn, Wulfstorf, Woldenhorn, Beimoor."*

(Quelle: "Topographie des Herzogthums Holstein, des Fürstenthums Lübeck, des Gebiets der freien Hansestädte Hamburg und Lübeck, und des Herzogthums Lauenburg" von Joh. Friedr. Aug. Dörfer, Diaconus der Fleckenskirche in Preetz. 4. Auflage. 1824.)

*) Altona war 1824 noch eine eigenständige Stadt, gehörte zu Schleswig-Holstein. Die Eingemeindung nach Hamburg erfolgte 1937.

**) Wandsbek war 1824 kommunalrechtlich ein Flecken im Kreis Stormarn. Eingemeindung nach Hamburg 1937.

***) Fideikommis/Fideikommiß: Vermögen, auch Immobilien (z.B. ein Gut), das einer Familie dauernd erhalten bleiben soll und daher ungeteilt einer Einzelperson zugewandt wird. Dieser Fideikommißinhaber hat das Nutzungsrecht, aber keine Verfügungsgewalt wie Belastung, Teilung, Verkauf. Die Rechtsform Fideikommiß ist in Deutschland nicht mehr zulässig.

****) Pertinenzen/Pertinenzien: Zugehörigkeiten zu einem Gut/einem Amt.

Wetterfahne auf der Spitze eines Ahrensburger Schloßturmes. Foto: 2005

Schloß Ahrensburg errichtet um 1595 vom Gutsherrn Peter Rantzau (1535–1602). Er führte für die Gutsuntergehörigen die Leibeigenschaft ein. Foto: 2005

Ahrensburg 1905: 2435 Einwohner

"Ahrensburg, Dorf und Rittergut, Preußen, Provinz Schleswig-Holstein, Regierungsbezirk Schleswig, Kreis Stormarn, Landgericht Altona; 2435 Einwohner, Postanstalt, Telegraphenstation, Ortsfernsprechnetz, Eisenbahnstation (Linie Hamburg-Lübeck der Lübeck-Büchener Eisenbahn), Amtsgericht, Gut mit Schloß, dazu die evangelische Pfarrkirche Woldenhorn, die Heilanstalt Siloah und eine Irrenpflegeanstalt."

(Quelle: "Neumanns Orts- und Verkehrs-Lexikon des Deutschen Reichs". 4. Auflage, erster Teil. Verlag des Bibliographischen Instituts. 1905.)

Bad Bramstedt

Bad Bramstedt 1855: 40 Gasthäuser und Schenken

"Bramstedt, gut gebauter Flecken an der Bramau und an Chaussee von Kiel nach Altona.

Die Kirche wird 1316 erwähnt; die jetzige ist nicht sehr hell aber geräumig und hat einen achteckigen 1635 erbauten spitzen Thurm. Der König ernennt den Prediger. Die Schule hat 4 Classen und 4 Lehrer.

Die Hauptnahrungszweige der Einwohner sind der Ackerbau, die bürgerlichen Gewerbe und die Gastwirthschaft. Die Viehzucht ist ausgezeichnet, wozu die vorzüglichen Wiesen sehr beitragen. Volkszahl: 1548 worunter 2 Kaufleute, 9 Krämer und Höker, 6 Brenner und Brauer, 1 Cigarrenfabrikant, 2 Hutmacher, 3 Färber, 6 Bäkker, 8 Grobschmiede, 3 Schlosser und Handwerker fast aller Art und 40 Gasthäuser und Schenken.

Schon lange ist hier eine Zollstätte gewesen, wobei jetzt 1 Hebungscontrolleur und 1 Zollassistent sind; eine Posteinrichtung war hier ebenfalls sehr früh, und eine Fuhrrolle schon seit 1694. Im Flecken ist eine Apotheke; auch wohnen hier 2 Aerzte. Barmstedt hatte schon 1643 die Marktgerechtigkeit, und in älterer Zeit wurden die Märkte sogar von Brabanter Kaufleuten besucht; die jetzigen Jahrmärkte sind von keiner großen Bedeutung."

(Quelle: "Topographie der Herzogthümer Holstein und Lauenburg, des Fürstenthums Lübeck und des Gebiets der freien und Hanse-Städte Hamburg und Lübeck" von Johannes von Schröder und Hermann Biernatzki. 2. Auflage, 1. und 2. Band. 1855/1856.)

Der Roland auf dem Marktplatz von Bad Bramstedt. Seit dem Jahre 1533 sind Bramstedter Rolande, anfangs hölzerne, nachgewiesen. Seit 1693 steht der steinerne Roland hier, aus Sandstein gefertigt und gelegentlich – so in den Jahren 1748, 1827, 1895 und 1965 – renoviert. Im Zeichen des Rolands wurde bedeutender Markt gehalten, wurden Verträge abgeschlossen und Streitigkeiten geschlichtet. Foto: 2006

Bad Bramstedt 1908: Ein Rathaus ist nicht vorhanden

"Bramstedt, Flecken, an Bahnlinie Altona-Kaltenkirchen-Bramstedt, an Chaussee Altona-Kiel und Itzehoe-Segeberg; chausseemäßig ausgebaute Wege gehen nach Brockstedt, 7 km nnw., Bimöhlen und Schmalfeld. Poststation, Telegraph, Telephon. Amtsgericht. Sol- und Moorbad.
Das Fleckensgebiet umfaßt 2385 ha, davon Acker 1101 ha, Wiesen 150 ha, Weiden 910 ha, Hölzungen 74 ha. Bramstedt hat jetzt (d.i. 1908) 2443 Einwohner. Die Schule hat 7 Klassen. 2 Ärzte, 1 Tierarzt, 1 Schwester vom Anscharhause, Apotheke, 3 Drogenhandlungen, Kreditverein, 3 Fleischwarenfabriken, 4 Mühlen, Meierei, Brauerei, Böttcherei und Drechslerei mit Dampfbetrieb, Holzhandlung, größere Anzahl von kaufmännischen und gewerblichen Betrieben, 17 Wirtshäuser. Ein Rathaus ist nicht vorhanden, die erforderlichen Diensträume sind anderweitig beschafft.
Matthiasbad, 1 km ö. von Bramstedt, 5 Minuten vom Bahnhof entfernt, Solquelle mit moorigen Bestandteilen. Das Bad ist in Aufnahme begriffen, 26 Zimmer, hübscher Garten."

(Quelle: "Topographie des Herzogtums Holstein einschließlich Kreis Herzogtum Lauenburg, Fürstentum Lübeck, Enklaven (8) der freien und Hansestadt Lübeck, Enklaven (4) der freien und Hansestadt Hamburg" von Henning Oldekop. Verlag Lipsius & Tischer. Kiel. 1908.)

Die Bad Bramstedter gotische Backsteinkirche stammt vermutlich aus dem 14. Jahrhundert. Später erfolgten An- und Umbauten. Das Baujahr des Vierkantturmes wird mit 1635/36 angegeben. Es sind auch die kleinen, äußeren Motive, die den Charme des Gotteshauses ausmachen. Wie das Fenster und der Maueranker in der Turmwand. Foto: 2006

Am Marktplatz in Bad Bramstedt: Ein langgestreckter, zweigeschossiger Backsteinbau, mit Rundbogendurchfahrt und einer Reihe Maueranker zwischen den Geschossen. Ein repräsentatives Gebäude, 1647 erbaut. Im Ort zumeist "Schloß" genannt. Geschrieben allerdings in Anführungsstrichen. Aus gutem Grund. Denn trotz des annähernd schloßartigen Aussehens handelt es sich doch nur um das Torhaus des ehemaligen Gutes. Das richtige Schloß lag dahinter, ist längst abgebrochen. Vor Zeiten gehörten das Gut Bramstedt mit Schloß und Torhaus Wiebke Kruse. Ein Geschenk von ihrem Liebhaber, König Christian IV. von Dänemark. Der König hatte auf der Durchreise Wiebke Kruse, die Bauerntochter aus dem Nachbarort Föhrden-Barl, kennengelernt, als diese in Bramstedt am Fluß Wäsche wusch. Das Torhaus blieb erhalten. Und diente, nach Umbau, vormals unter anderem dem Grafen Stolberg als Domizil. Der Graf war Amtmann des Amtes Segeberg.

Bad Oldesloe

Bad Oldesloe 1780: Sechs Salzpfannen in Betrieb

"Bey Oldesloe trifft man vortreffliche und reiche Salzquellen. Heinrich der Löwe ließ im zwölften Jahrhundert diese Quellen durch eine Quelle frischen Wassers, die er hineinleiten ließ, verderben, damit sie dem Absatze des Lüneburgischen Salzes nicht nachtheilig würden. Man hat in neuern Zeiten große Kosten und viele Mühe daran verwandt, den Salzquellen ihre Stärke und Reinigkeit wieder zu verschaffen; allein dieß Unternehmen hat bisher noch wegen mannichfaltiger Hindernisse keinen sonderlichen Fortgang gehabt. Man fährt in deß mit den wichtigsten Arbeiten noch immer unermüdet fort, und es ist bey dem Reichthume der Quellen zu hoffen, daß sie künftig einen größern Wohlstand erhalten werden. Gegenwärtig werden in sechs Pfannen jährlich etwa 30.000 Centner Salz gekocht. Es kömmt dem Lüneburgischen an Stärke wohl bey, allein es ist wegen seiner greisen Farbe unansehnlich und sehr grobkörnig. Der jetzige Proprietär) dieser Salinen ist ein Graf von Dernath, welcher ihre Bearbeitung seit dem Jahre 1772 besorgen läßt."*

(Quelle: "Reisejournal Niedersachsen". 3 Bände. Erschienen 1789 unter dem Pseudonym "Quintus Amelius Publicola". Das ist Johann Hermann Stoever. Nachdruck im Verlag D. u. K. Kötz. Hamburg. 1975.

Unter Niedersachsen versteht Stoever nicht den historischen niedersächsischen Kreis des deutschen Reiches, sondern jene Teile des alten Sachsenraumes, die sich bis zum Meer hin erstreckten. Also auch Holstein.)

*) Proprietär = Eigentümer

Oldesloer Salinensalz – aufbewahrt im Heimatmuseum. Foto: 2005

Bad Oldesloe 1908: Stadtgebiet 1414 Hektar

"Jetzt hat Oldesloe ein freundliches und gefälliges Äußere und zählt 617 bewohnte Häuser mit 1193 Haushaltungen einschließlich 19 Anstalten und 5469 Einwohner nach der Zählung 1905.

Das Stadtgebiet hat einen Flächenraum von 1414 ha, wovon 226 ha der Stadt gehören. Die Hauptnahrungszweige der Einwohner sind Ackerbau und Gewerbe. Die Zahl der städtischen Landwirte (Landbürger) beträgt 38. Jährlich finden 3 Kram-, Vieh- und Pferdemärkte statt, welche in die Monate April, Juni und September fallen.

Der Königlichen Gewerbe-Inspektion sind folgende gewerbliche Anlagen zur Aufsicht unterstellt: 1 Möbelfabrik, 1 Brotfabrik, 1 Kalkbrennerei, 1 Ziegelei, 1 Eisengießerei, 3 Holzsägereien, 1 Kornwassermühle, 2 Zigarrenfabriken, 2 Meiereien, 1 Abdeckerei, 1 Gasanstalt, 1 Tapetenfabrik, 1 Lohmühle, 4 Lohgerbereien, 14 Schlachtereien, 1 Kornbranntweinbrennerei, 1 Bierbrauerei, 1 Sol-, Moor- und Schwefelbad, 3 Mineralwasserfabriken, 3 Baugeschäfte, 2 Photographie-Ateliers, 1 Buchdruckerei, in welcher der täglich erscheinende "Oldesloer Landbote" gedruckt wird, 17 Bäckereien, 3 Wäschereien und 1 Benzin-Wäscherei.

Der Betrieb der ehemaligen zuleltzt fiskalischen Saline ist mit dem Übergange des Landes an Preußen eingestellt worden. Die Gradierwerke und Siedehäuser wurden im Jahre 1867 abgebrochen. Das Gebäude der Saline und die 1815 gegründete Badeanstalt wurden mit allen Baulichkeiten von der Stadt erworben, die einen Teil davon einer Aktiengesellschaft zum Betriebe eines Sol-, Moor- und Schwefelbades über-

Diese Oldesloer Kornwassermühle in der Stadt wurde 1798 errichtet. Sie verfügte über zwei Mahlgänge. Foto: 2005

ließ. Die Gesellschaft verkaufte das Bad im Jahre 1898 an den jetzigen Besitzer Niklaus Dürkopp in Bielefeld. Im Jahre 1906 wurde das Bad von 4500 Personen besucht und es wurden 24307 Bäder verabreicht.
Die selbständigen Handwerker, deren Zahl 76 beträgt, haben sich in Anlaß der neueren gesetzlichen Bestimmungen zu 7 freien Innungen (der Bäcker, Sattler, Tischler, Fleischer, Schuhmacher, Bauhandwerker und Stellmacher) und zu 3 Zwangsinnungen (der Schneider, der Maler, der Schmiede und Schlosser) zusammengetan.
Die wichtigsten Gasthöfe der Stadt sind 'Stadt Hamburg' in der Mühlenstraße, 'Zur Krone' in der Bahnhofstraße und 'Stadt Lübeck' vor dem Lübecker Tor. Die Zahl der Gast- und Schankwirtschaften beträgt 51, die Anzahl der Kaufleute 53.
Die Stadt hat eine Apotheke, und es sind hier 5 Ärzte und 3 Tierärzte ansässig. An dem Amtsgericht wirken ein Richter und 2 in Oldesloe wohnende Rechtsanwälte. Das Gericht ist im Rathause untergebracht, hinter dem ein neues Amtsgefängnis errichtet worden ist."

(Quelle: "Topographie des Herzogtums Holstein einschließlich Kreis Herzogtum Lauenburg, Fürstentum Lübeck, Enklaven (8) der freien und Hansestadt Lübeck, Enklaven (4) der freien und Hansestadt Hamburg" von Henning Oldekop. Verlag Lipsius & Tischer. Kiel. 1908.)

Bad Oldesloe an der Trave. Zeichnung aus dem Jahr 1895 von Fritz Stoltenberg.

Bad Oldesloe–ein Häuschen aus "alten Tagen". Foto: 2005

Bad Segeberg

Segeberg 1824: Etwa 115 Feuerstellen

"Segeberg, Stadt an einem See. Königl. Zollcontrolle. Die eigentliche Stadt hat etwa 115 Feuerstellen). Volkszahl 836. Der Magistrat besteht aus einem Bürgermeister und Stadtsecretär und 3 Rathsverwandten. 8 Deputirte Bürger. Kram- und Pferdemarkt am Montage nach dem 1. Mai, auf Bartholomäus, den Tag nach Allerheiligen. Der Kalkberg steht unter Administration eines Bergverwalters und Controlleurs. Hospital. Mönchmühle. Den Pastor und Compastor ernennt der König. An der Schule ein studirter Rector und ein Cantor. Der Organist ist zugleich Mädchenschullehrer."*

(Quelle: "Topographie des Herzogthums Holstein, des Fürstenthums Lübeck, des Gebiets der freien Hansestädte Hamburg und Lübeck, und des Herzogthums Lauenburg" von Joh. Friedr. Aug. Dörfer, Diaconus der Fleckenskirche in Preetz. 4. Auflage. 1824.)

Heinrich Rantzau (1526–1598) (der berühmteste Rantzau aller Zeiten) war unter anderem Amtmann des Amtes Segeberg.

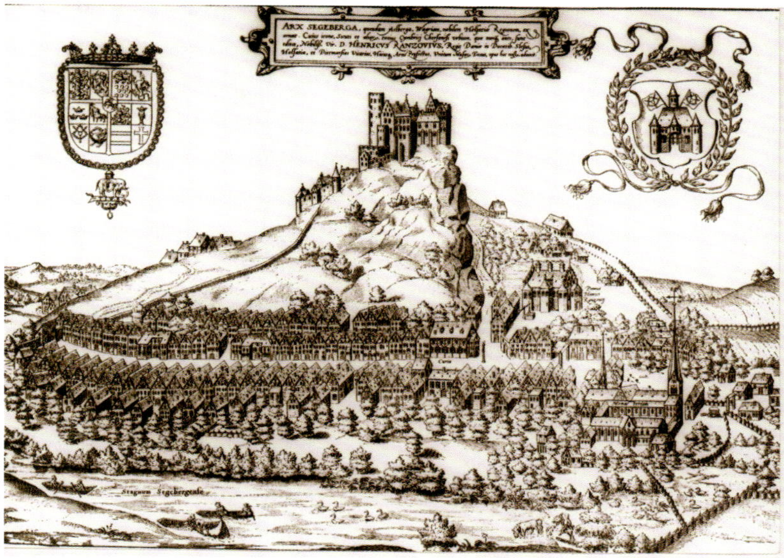

*) Feuerstellen: Hier im Sinne von Wohnungen mit einer Kochmöglichkeit auf einem (Feuer-)Herd.

Segeberg im Bild–etwa 1588. Der berühmte Heinrich Rantzau, für den dänschen König Statthalter der Herzogtümer Schleswig und Holstein und Amtmann von Segeberg, ließ für das Städtebuch von Braun und Hogenberg (1588) das Bild von Segeberg in Kupfer stechen. Bild: Auf der Spitze des Kalkberges die Burg, am Berghang sein Haus (als Dienstsitz für seine Tätigkeit als Amtmann des Amtes Segeberg), rechts unten das Kloster mit der Kirche.

Darstellung des 1134 gegründeten Segeberger Klosters ungefähr am Ende des 16. Jahrhunderts.

Bad Segeberg 1908: Wasserleitung ist geplant

"Segeberg, Kreisstadt des Kreises Segeberg, zwischen der Trave, dem Großen Segeberger See und dem Kalkberg, an der (Eisenbahn-) Linie Neumünster-Oldesloe-Hagenow. Sitz des Landratsamts und eines Amtsgerichts. Postamt I. Klasse. Schullehrerseminar.

Segeberg wird in Altstadt und Neustadt eingeteilt. Die Kirche liegt in der Mitte der Stadt unweit des neuen Marktplatzes. Sie ist eine der ältesten Backsteinkirchen in Norddeutschland; der Bau im romanischen Stil aufgeführt, wurde 1142 begonnen und 1156 vollendet. 1500 wurde der Turm durch Blitzschlag zerstört und hoch und schlank neu aufgeführt. Schulwesen: Volksschule mit 11 Klassen und 11 Lehrern. Höhere Knabenschule mit 5 Klassen und Vorschule. Gehobene Mädchenschule, 3 Klassen. Schullehrerseminar. Es enthält 3 Klassen und ca. 90 Zöglinge; die Ausbildungszeit dauert 3 Jahre. Eine vom Gewerbeverein eingerichtete Fortbildungsschule, 120 Schüler; sodann einige Innungs-Fachschulen. Die Verwaltung der Stadt ruht in den Händen des Magistrats: Bürgermeister Kuhr, 3 Stadträte, 8 Stadtverordnete. Die 1827 gegründete Privat-Spar- und Leihkasse ist 1901 auf die Stadt übergegangen. Es besteht freiwillige Feuerwehr mit ca. 92 Mitgliedern und Pflichtfeuerwehr. Straßenbeleuchtung mit 106 Laternen mit Auer-Glühlichtbrennern. Die Einrichtung einer städtischen Wasserleitung ist geplant. Zur Versorgung der Stadt und Umgebung mit Licht und Kraft ist als Privatunternehmen der Bau eines Elektrizitätswerkes in Aussicht genommen.

Einwohnerzahl betrug 1907: 4700 und 565 Wohngebäude. In Segeberg sind Handwerk und Kleinhandel vorherrschend, vielfach in Verbindung mit Landwirtschaft.

Gewerbliche Anlagen: Gipswerk (staatlich) mit 17 Arbeitern, 1 Ziegelei 15 Arbeiter, 4 Maschinenbauanstalten 34 Arbeiter, Seifenfabrik 8 Arbeiter, Gasanstalt 4 Arbeiter, 2 Tuchfabriken und Wollspinnereien 7 Arbeiter, 2 Lohgerbereien, 4 Getreidemühlen (3 Wind- und 1 Wassermühle) 10 Arbeiter, Meierei, Bierbraueerei 19 Arbeiter, 2 Brennereien und Braunbierbrauereien 5 Arbeiter, 1 Zigarrenfabrik 10 Arbeiter, 1 Buchdruckerei 21 Arbeiter, 1 Schuhwarenfabrik 6 Arbeiter, 2 Färbereien und Wäschereien, Hölzsägerei, Drechslerei, Fahrrad-Ausbesserungswerkstatt.

Vier Jahrmärkte werden abgehalten: Im Januar am Donnerstag vor Septuagesimä, Pferde; Krammärkte am Montag nach dem 1. Mai, am Bartholomäumstage, 24. August und am Tage nach Allerheiligen, 1. November. Jeden Mittwoch findet Wochenmarkt statt, namentlich Ferkel.

5 Ärzte, darunter der Kreistierarzt, 1 Kreisarzt, 1 Apotheke. Segeberger Kreis- und Tageblatt erscheint an allen Werktagen, Druck und Verlag C.H. Wäser.

Kalkberg. Die Kuppe des Berges erhebt sich 70 m über den Spiegel des Großen Segeberger Sees und 90 m über den der Ostsee. Der Kalkberg ist Eigentum des preußischen Fiskus, sein Reichtum an Gips ist bedeutend, der Gipsbruch liefert jährlich einen Ertrag von 6 bis 7000 Tonnen Gips. In neuerer Zeit werden viele Wagenladungen des Gipses zur Bereitung von Zement nach

auswärts zu den Fabriken befördert. Ein geringerer Teil wird auf dem Berge gebrannt und in der Kalkmühle gemahlen.
Das Solbad Segeberg ist 1884 gegründet, die ansehnlichen Baulichkeiten, Kurhotel mit Terrasse und Logierhäuser liegen auf ziemlich steiler Anhöhe am Ufer des Sees. Das Stadtgebiet umfaßt eine Fläche von 1303 Hektar."

(Quelle: "Topographie des Herzogtums Holstein einschließlich Kreis Herzogtum Lauenburg, Fürstentum Lübeck, Enklaven (8) der freien und Hansestadt Lübeck, Enklaven (4) der freien und Hansestadt Hamburg" von Henning Oldekop. Verlag Lipsius & Tischer. Kiel. 1908.)

Die Kirche St. Marien in Bad Segeberg, ehemalige Klosterkirche der Augustiner-Chorherren. Baubeginn nach heutigen Erkenntnissen 1156. "In Nutzung" bezeugt 1199. Fertiggstellt - bis auf den Turm - Anfang des 13. Jahrhunderts. Der quadratische Turm vermutlich im späten 13. Jahrhundert errichtet. Foto: 2006

Der Segeberger Kalkberg um 1900. Noch wurde hier Gips abgebaut.

Detail des Segeberger Kalkberges. Foto: 2001. Die Bezeichnung Kalkberg zielt an der geologisch-chemischen Wahrheit ein wenig vorbei. Der Kern besteht aus Anhydrit (CaSO4), der außen durch Wasser in Gips umgewandelt wird. Dieser Gips war begehrt. Die Infotafel (gelesen 2006) berichtet: "Schon vor 1000 Jahren wurde das Gestein als Mörtelzusatz und Stuckgips genutzt. Segeberger Gips läßt sich in vielen alten Kirchen, Herrenhäusern und Schlössern nachweisen (auch in Bad Segeberg: Marienkirche)."

Der Kalkberg ist das älteste Naturdenkmal Schleswig-Holsteins und stammt aus der Zechsteinformation, etwa 250 Millionen Jahre alt.

Im März 1913 beklagte ein Journalist: "Leider ist schon mehr als die Hälfte des Berges abgebaut worden. Noch 30–40 Jahre, dann ist dieser Zeuge einer sehr fernen Vergangenheit verschwunden." Soweit ist es nicht gekommen. Gerade noch rechtzeitig wurde der Abbau beendet .

Bredstedt

Bredstedt 1854: Besonders viele Schuster

"Bredstedt. Flecken an einer kleinen Aue in der Landschaft Bredstedt, zwischen den beiden Städten Husum und Tondern, 1/2 Meile von der Westsee.

Bredstedt ist im Allgemeinen wohlgebauet und hat einzelne ansehnliche Häuser; es ist in 4 Quartiere getheilt und enthält 332 Häuser. Einzelne Theile des Fleckens heißen Norderberg und Westerberg, das Ostende hat vorhin Jüdebek geheißen.

Die Einwohner ernähren sich größtentheils von Ackerbau und städtischen Gewerben. Die Einwohner treiben Korn- und Viehhandel; ferner sind hier 2 Bierbrauereien, 1 Branntweinbrennerei, mehrere Wirthshäuser und Handwerker aller Art, besonders viele Schuster (gegen 50 Meister); auch hat der Ort 3 Mühlen, nämlich eine herrschaftliche Wassermühle und Windmühle und eine Eigenthumsmühle, Lütjenshöft genannt, etwas außerhalb des Fleckens angenehm gelegen. Im Flecken ist eine Apotheke.

Die im Jahre 1510 erbauete Kirche ist nicht gewölbt, mit einem kleinen Thurme versehen und hat eine gute Orgel.

Der Flecken hat mehrere Stiftungen, Armen- und Arbeitshäuser. Mehrere Armenhäuser sind von der Commüne angekauft und können jedes etwa 8–10 Personen aufnehmen, welche Unterstützungen an Geld, Brod und Feuerung erhalten.

An der Hauptschule steht ein Rector als erster Lehrer und ein Schreib- und Rechenmeister; an den beiden Elementarschulen sind 2 Lehrer angestellt.

Die Königlichen Beamten sind: der Landvogt, der zugleich Deichgraf ist, ein Amtsverwalter, der auch Hausvogt und Actuarius) ist, ein Zollverwalter, 2 Controlleure, ein Physicus**), ein Branddirektor und ein Postmeister.*

Jährlich werden 4 Märkte gehalten: ein Pferdemarkt am Fastnachtsmontage und 3 Krammärkte an den Donnerstagen nach Fastnacht, nach Pfingsten und am Donnerstage in der ersten Adventswoche. Außerdem sind von der Mitte des Octobers bis zur Mitte des Novembers an den Freitagen jeder Woche Märkte von Schlachtvieh."

(Quelle: "Topographie des Herzogthums Schleswig" von Johannes von Schröder. 2. Auflage. 1854.)

*) Actuarius = Aktuarius = Aktuar = Gerichtsangestellter

**) Physicus: Öffentlich angestellter Arzt (z.B. Kreis-, Bezirksarzt, Stadtarzt)

Zum 100-jährigen Stadtjubiläum von Bredstedt im Jahr 2000 hat die örtliche Sparkasse der Stadt einen Brunnen spendiert, aufgestellt auf dem Marktplatz. Die sieben gestapelten Schweine sind eine fröhliche Erinnerung an die vielen Viehmärkte in der Stadt in früheren Zeiten. Ganz so schweine-lustig wird es auf den Viehmärkten in vergangenen Jahrhunderten allerdings wohl nicht gewesen sein. Foto: 2002

Mühle auf dem Norderberg in Bredstedt. Davor ein Brotwagen der Bäckerei Bruhn. Foto vor 1920, Verein für Bredstedter Geschichte und Stadtbildpflege e.V.

BREDSTEDT 1906: 992 HEKTAR STADTGEBIET

"Bredstedt, Stadt, 16 km nw. von Husum, im alten Nordfriesland, 4 km vom Wattenmeer der Nordsee entfernt, dicht am östlichen Rande der Marsch, an der (Eisenbahn-) Linie Elmshorn-Heide-Tondern. Postamt II. Klasse. Durch Beschluß des Kollegiums vom 8. Oktober 1900 wurde die Bezeichnung 'Flecken' in 'Stadt' umgewandelt. Wappen: eine Brücke über Wasser und ein Pfahl.

Jugendstilgiebel von 1909 in Bredstedt. Foto: 2002

Die ansehnliche Stadt liegt am Mühlenbach und wird von der nw. laufenden Chaussee durchschnitten. An dem großen langgestreckten dreieckigen Marktplatz liegen Rathaus, Apotheke, die Grundt'sche Stiftung und das Landschaftliche Haus. Die Hauptstraßen sind mit Kopfsteinen belegt, die 14 Nebengassen teils mit Fauststeinen gepflastert und teils begrandet. Die alte Einteilung in 4 Quartiere hat an Bedeutung verloren, nachdem eine solche in Straßen erfolgt ist. Im Jahre 1900 hatte die Stadt 417 bewohnte Häuser und 2441 Einwohner. Die Kirche liegt an der Südseite, schlichter Ziegelbau auf Granitunterlage, Dachreiter und Bleidach.

Schulen: Bürgerschule 6 Lehrer, 2 Lehrerinnen, 433 Schüler. Fortbildungsschule 60 Schüler; Landwirtschaftliche Winterschule 4 Lehrer, 50 Schüler.

Das Rathaus ist von der Spar- und Leihkasse für 50.000,- Mark aufgeführt und der Stadt überlassen unter Vorbehalt der Räume für die Sparkassen-Verwaltung. Elektrizitätswerk 1866 erbaut und öfters erweitert. Krankenhaus an der Drelsdorfer Chaussee von 1888, von der Sparkasse der Stadt überwiesen. Arbeitshaus an der Heidetrift belegen, mit 25 ha Land verpachtet. Amtsgerichtsgebäude 1890 erbaut. Die Bredstedter Sparkasse, 1843 errichtet, hat im hohen Maße zum Aufblühen des Orts beigetragen. Vermögen: 300.000,- Mark.

Erwerbsquellen der städtischen Bevölkerung sind Landwirtschaft, Handwerk und Handel Im ganzen 170-180 gewerbliche Betriebe, darunter Apotheke, 2 Ärzte, 2 Druckereien, 2 Tabaksfabriken, 2 Holz-

Straße in Bredstedt
um 1895.

handlungen, Meierei, 2 Windmühlen, Wassermühle. Die Vieh- und Pferdemärkte im Herbst werden gut besucht.
Das Stadtgebiet umfaßt einen Flächenraum von 992 ha. Der Bredstedter Koog, 214 ha, gehört nicht der Stadt, sondern Privatleuten. Die Verwaltung der Stadt liegt in der Hand des Magistrats, welcher aus dem Bürgermeister und 2 Stadträten besteht. Das Stadtverordnetenkollegium hat 10 Mitglieder."

(Quelle: "Topographie des Herzogtums Schleswig" von Henning Oldekop. Verlag Lipsius & Tischer. Kiel. 1906.)

Die Frauenfigur trägt laut Schrifttafel (gelesen 2002) die Bezeichnung "Wohlstand". Das Gebäude hat 1891–1894 die Bredstedter Spar- und Leihkasse in neogotischem Stil errichtet und der Stadt als Rathaus überlassen. Foto: 2002

Büdelsdorf

Büdelsdorf 1854: Zwei vereinte Dörfer

"Büdelsdorf, Alt- und Neu-, 2 Dörfer an der Eider, unweit Rendsburg. Diese beiden vereinten Dörfer enthalten 2 Halbhufen, 4 Viertelhufen, 4 Achtelhufen und 36 Kathen und Instenstellen. Eine zu Alt-Büdelsdorf gehörige Kathe heißt Kortenfahr und 2 ausgebaute, zu Neu-Büdelsdorf gehörige Kathen heißen Knakenburg und Drögenkamp.
Districtschule. Armenhaus. Wirthshaus und einige Handwerker. Mehrere Einwohner arbeiten als Handwerker oder Tagelöhner auf der Carlshütte bei Rendsburg."

(Quelle: "Topographie des Herzogthums Schleswig" von Johannes von Schröder. 2. Auflage. 1854.)

Büdelsdorf 1908: Die Hollersche Carlshütte

"Büdelsdorf, Landgemeinde, unmittelbar an Stadt Rendsburg grenzend, Dampffährverbindung über die Eider mit Rendsburg. Areal 517 ha, davon Acker 362 ha, Wiesen 18 ha, Weiden 23 ha, Hölzung 3 1/2 ha. 361 Wohngebäude, 3860 Einwohner.
Der Ort ist jetzt größtenteils städtisch gebaut, etwa 80 % der Bevölkerung sind Fabrikarbeiter bezw. dessen Angehörige.
An der Südseite von Büdelsdorf, nahe dem nördlichen Ufer der Eider, liegt die Karlshütte.
Nach einem Bericht vom 17. April 1907: 'Das Eisenwerk Holler'sche Karlshütte ist der Stadt Rendsburg gegenüber auf einem 45 ha großen Terrain am 0bereider-Hafen belegen und steht durch die sogen. Enge bei 6 m Tiefe in 1 km Entfernung von dem Kaiser-Wilhelm-Kanal), überdies durch Privatbahn mit der Staatsbahn in Verbindung. Es unterhält eigene Ladebrücke zum Löschen der fremdländischen Dampfer bei einem Importe von 10.000 t Roheisen und*

Die Hollersche Carlshütte in Büdelsdorf. Gesamtansicht vor 1926.

Die Spitzen der 1849/50 in der Carlshütte gefertigten Portale sind geschmückt mit den Initialen des dänischen Königs Friedrich VII., einschließlich Königskrone. Zu jener Zeit standen die Herzogtümer Schleswig und Holstein noch unter dänischer Oberhoheit. Foto: 2010

Der Eiderkanal (Schleswig-Holsteinischer Kanal), gebaut 1777–1784, hat mehrere bestehende Landwege unterbrochen. Deshalb wurden Klappbrücken (= Zugbrücken) errichtet. Unter anderem auch in Kluvensiek (an der heutigen Kreisstraße K 94, nördlich von Bovenau, Kreis Rendsburg-Eckernförde). Die beeindruckenden gußeisernen Portale (Bild) dieser ehemaligen Klappbrücke wurden 1849/50 in der Carlshütte in Büdelsdorf gegossen. Diese Portale ersetzten die ursprünglich hölzernen Vorgänger. Foto: 2010

ebensoviel Kohlen. Das Werk vereinigt in sich drei der Neuzeit entsprechend eingerichtete Eisengießereien zur Erzeugung jeder Art Handelsgußwaren, die in den Schlossereien, Schleifereien, Emaillier-, Kunstemaille- und Vernickelungs-Werkstätten ihre Vollendung erhalten. Die Maschinenfabrik produziert Tausende von Balance-Milchentrahmungsmaschinen. Zahl der Beamten und Arbeiter über 1000. Die Dampfelektro-Kraftzentrale erzeugt 600 Pferdestärken. Mehrere Hundert Arbeiterwohnungen mit Gärten sind Eigentum des Werkes. Es ist ausgestattet mit eigener Konsumanstalt, Pensionskasse und anderen Wohlfahrtseinrichtungen. Die vielen Arbeiter mit 25jähr. und 50jähr. Dienstzeit werden mit Prämien und Diplomen bedacht. Eine Hüttenmusikkapelle existiert. Das Werk besteht seit 1827, hat die politisch wechselnden und unruhigen Zeiten gut überstanden, gehört seit 1869 einer Aktiengesellschaft, die mit guten Erfolgen arbeitet und ist als solid, leistungsfähig und vorzüglich ausgerüstet weit über die Grenzen des deutschen Reichs bekannt.'

*Gegründet ist das Werk 1827 von Marcus Hartwig Holler; benannt ist es nach dem damaligen Statthalter**) Landgrafen Karl von Hessen***).*

Andere industrielle Anlagen: 2 Holzlager mit Dampfsägereien, 1 Kalkbrennerei, Wind- und Dampfmühle. Meierei. Das Baugeschäft von H. und J. Brandt beschäftigt bis zu 150 Mann. Baugeschäft Chr. Hinz. 2 Schulgebäude zusammen 11 Classen. 1 Arzt."

(Quelle: "Topographie des Herzogtums Holstein einschließlich Kreis Herzogtum Lauenburg, Fürstentum Lübeck, Enklaven (8) der freien und Hansestadt Lübeck, Enklaven (4) der freien und Hansestadt Hamburg" von Henning Oldekop. Verlag Lipsius & Tischer. Kiel. 1908.)

*) Kaiser-Wilhelm-Kanal = Jetzt Nord-Ostsee-Kanal

**) Statthalter des dänischen Königs für die Herzogtümer Schleswig und Holstein

***) Ursprünglich Carl, statt Karl geschrieben

Im Sockel der Portale der Name der Herstellungsfirma: "Carls Hütte".

Eckernförde

Eckernförde 1854: 4 Quartiere, 476 Häuser

"Eckernförde, Stadt an einem Meerbusen der Ostsee, welcher hier einen so bedeutenden Hafen bildet, daß selbst Linienschiffe in geringer Entfernung von der Stadt vor Anker liegen können. Der größte Theil der Stadt ist auf einer Landzunge erbauet; der kleinere Theil liegt an der anderen Seite des Wassers, und ist da, wo dieses am schmalsten wird, durch eine lange hölzerne Brükke mit dem ersten verbunden.
Den ersten Grund zu der Stadt sollen Fischer gelegt haben, welche sich auf dem hohen Sandriff, wo jetzt die Frau Clarenstraße befindlich ist, angebauet haben.
Die Stadt ist in 4 Quartiere eingetheilt, sie hat 476 Häuser. Zahl der Einwohner: 3930. Die Einwohner ernähren sich großtentheils durch Handel, Schifffahrt, städtische Gewerbe und Fischerei. Die Seefischerei ernährt zwischen 60 und 70 Familien; sie liefert besonders Dorsche, Makrelen, Heringe, Bütten, Breitlinge (geräuchert unter dem Namen Sprotten bekannt), Muscheln und Krabben, von denen ein großer Theil an die nahe gelegenen Städte verkauft wird. Eckernförde hat 1 Stoutsweberei durch Dampf betrieben, 1 Tuchfabrik, ebenfalls durch Dampf betrieben, 1 Spritzenfabrik, 1 Salzsiederei, 2 Tabacksfabriken, 2 Leimkochereien, 2 Lohgärbereien, 5 Reifschlägereien, 4 Bierbrauereien, 5 Branntweinbrennereien, 4 Töpfereien, 2 Schiffsbauer und Handwerker fast aller Art. Die Stadt hat jetzt 11 größere und kleinere Schiffe, zusammen von 215 Commerzlast); nur der Handel mit Korn und Bauholz ist noch von einiger Bedeutung.*
Der Magistrat besteht aus einem Bürgermeister und 3 Rathsherren. Die Polizeiverwaltung ist dem Bürgermeister übertragen. Das Collegium der Deputirten besteht aus 8 Mitgliedern.
Die Stadt gehörte vormals zur Borbyer Kirche; doch war schon früh in der Stadt selbst eine Capelle. Die erste bestimmte Erwähnung der Kirche geschieht im Jahre 1359 in dem Testamente des Kieler Bürgers Joh. Pardole. Das Hauptgebäude außer dem Chor ist von gothischer Bauart; einen Turm hat die Kirche nicht, seitdem 1612 der Blitz den damals vorhandenen zerstörte, aber eine Spitze. An der Kirche, die zur Probstei Hütten gehört, stehen 2 Prediger. Die Stadtschule nahm schon in der Mitte des 16. Jahrhunderts ihren Anfang. Ein neues Schulhaus ward 1829 erbauet; das Lehrerpersonal der Stadtschule besteht gegenwärtig aus dem Rector, dem Schreibmeister und 3 Lehrern, denen einer zugleich Küster, ein anderer Organist ist. Für die Elementarklasse wird außerdem ein Unterlehrer gehalten, welcher also der sechste Mitarbeiter ist.
*Königl. Beamte sind: ein Hardesvogt, ein Zollverwalter, zwei Controlleure, ein Postmeister und ein Physicus**). Es befindet sich hier eine Apotheke; ein Lombard***) seit 1768. Seit Neujahr 1852 erscheint zweimal wöchentlich die "Eckernförder Zeitung", ein priviligirtes politisches und Avertissements-Blatt****), welches in der im Jahre 1852 eingerichteten Buchdruckerei gedruckt wird. Mühlen hat die Stadt nicht, und die Einwohner halten sich zu den nahegelegenen Borbyer Windmühlen und der Schnaper Wassermühle.*

Bei der sogenannten Langenbrücke wird Brückengeld erlegt.
Hier sind 3 Pferde-, Vieh- und Krammärkte, davon werden der Fastnachtsmarkt seit 1611 am Fastnachtsmontage und die beiden andern am Montage nach dem 15. Juni (Vitustag) und am 30. September gehalten, welcher letztere der besuchteste ist."

(Quelle: "Topographie des Herzogthums Schleswig" von Johannes von Schröder. 2. Auflage. 1854.)

*) 1 Commerzlast nach Flensburger Maß im 19. Jahrhundert 2600 kg. In Hamburg 2944 kg.

**) Physicus = Amtsarzt

***) Lombard = Kredit/bankmäßige Beleihung beweglicher Güter, z.B. Waren, Wertpapierte

****) Avertissement = Hinweis, Warnung

Die mittelalterliche Bronzetaufe von 1588 in der Eckernförder Nikolaikirche. Foto: 2004

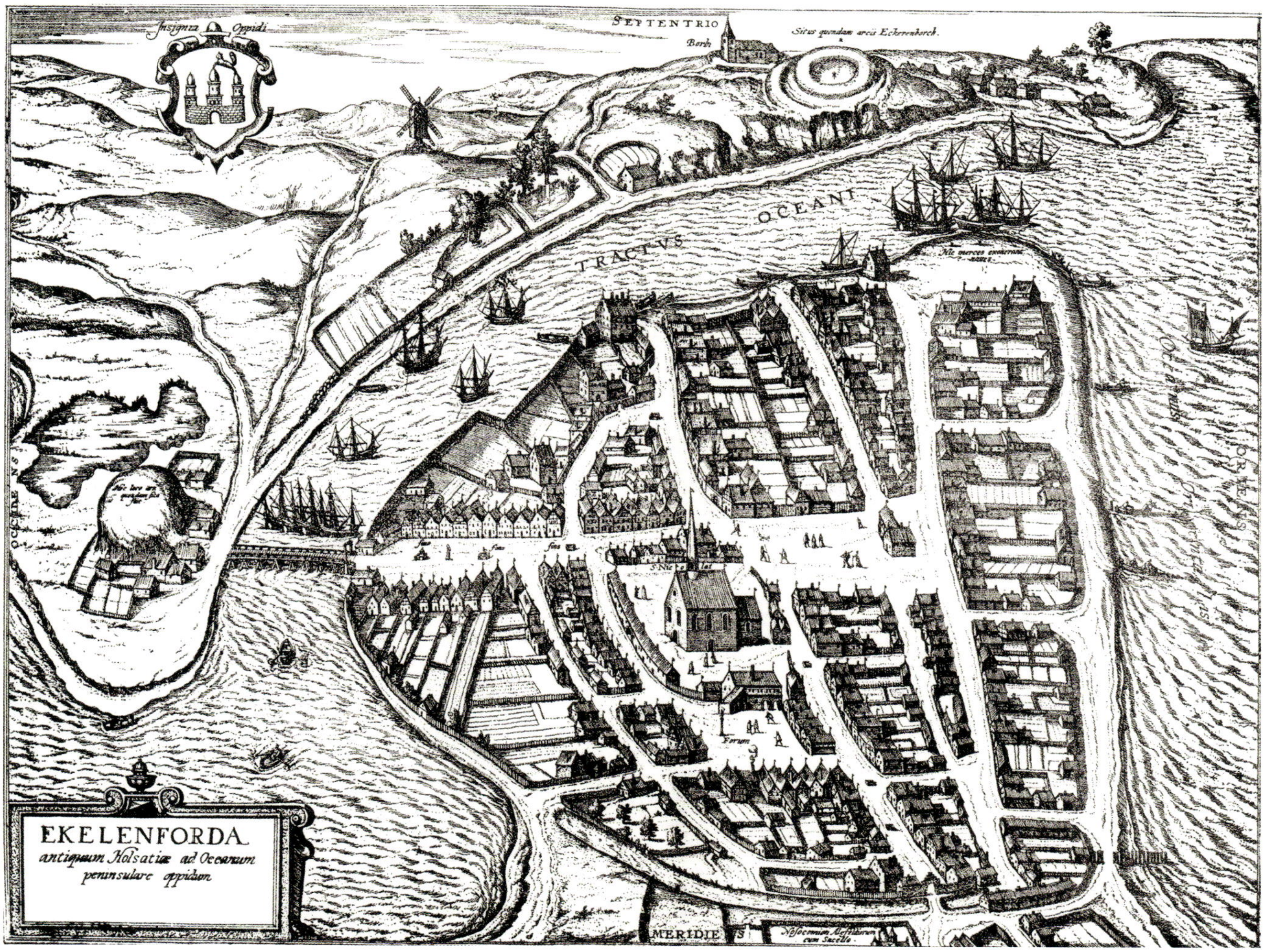

Stadtansicht von Eckernförde um 1580. In der Mitte die Kirche mit hohem Dachreitertürmchen.

Eckernförde und Borby 1905: Noch getrennt

"Eckernförde, Stadt, am gleichnamigen Busen (der Ostsee); Landgericht Kiel; 6719 Einwohner, davon 53 Katholiken und 7 Juden; Postanstalt, Telegraphenanstalt, Ortsfernsprechnetz, Eisenbahnstation (2 Bahnhöfe, Linie Kiel–Flensburg der Preuß. Staatsbahn und Eckernförder-Kappelner Eisenbahn, Kleinbahn Eckernförde-Owschlag), Reichsbanknebenstelle, Kreditbank, Landratsamt, Amtsgericht, Nebenzollamt I, Strandamt, schwedisches Konsulat, ev. Pfarrkirche, ev. Lehrerseminar (in Borby), Baugewerkschule, Eisengießerei und Maschinenfabrik, Tabakfabrik, Dampfgerberei, Salzsiederei, Fischräuchereien, bedeutende Fischerei, Handel mit Landesprodukten. Unmittelbar nördl. das Dorf Borby. Der schöne, aber den Ostwinden geöffnete Hafen wird wenig benutzt."

Borby

"Borby), Dorf, am Busen von Eckernförde; Provinz Schleswig-Holstein, Regierungsbezirk Schleswig, Kreis Eckernförde; Amtsgericht, Postanstalt und Eisenbahnstation Eckernförde 1 km; 1711 Einwohner, ev. Pfarrkirche, ev. Lehrerseminar, Eisengießerei, Elektr.-Zentralanlagen; Seebad, 1900: 560 Badegäste."*

(Quelle: "Neumanns Orts- und Verkehrs-Lexikon des Deutschen Reichs". 4. Auflage, erster Teil. Verlag des Bibliographischen Instituts. 1905.)

*) 1934 wurde Borby nach Eckernförde eingemeindet.

Fischräuchereien mit ihren hohen Räucherschornsteinen prägten früher das Stadtbild von Eckernförde. Bild: Schornstein der vormaligen Fischräucherei Hopp, die letzte ihrer Art in der Stadt. Foto: 2011. Der Schornstein entging dem Abbruch, weil der "Verein Alte Fischräucherei" das Gelände mit den Gebäuden der ehemaligen Fischräucherei Hopp zwischen Gudewerdtstraße Nr. 71 und Jungfernstieg Nr. 41 in letzter Minute kaufen konnte. Jetzt ist hier ein Räuchereimuseum.

Zwischen Uferstraße und Kirchenplatz "kuscheln" sich noch einige Häuschen mit dem Flair von "Alt-Borby" an und in den Hang. Foto: 2003

Elmshorn

Elmshorn 1824: Besteht aus drei Teilen

"Elmshorn, ansehnlicher Flecken in der Grafschaft Ranzau, an der Elmshörner oder Krückau. Station für ordentliche und Extrapost. Königl. Zollcontrolle. Fleckensfreiheit hat der Ort seit 1737.

Elmshorn besteht: 1.) Aus dem alten Flekken, Mühlenkamp, Sandberg, Flammweg, Wehdenkamp, Bauerweg und Kaltenweide. Letztere beide sind etwas vom Flecken entfernt liegende Bauernstellen. Volkszahl: 476 Familien, 2305 Personen. 2.) Vor oder über dem Stegen nebst der Depenstraße, jenseits der Au, zur Herrschaft Pinneberg, Amtsvogtei Uetersen gehörig. Schule. Volkszahl: 125 Familien, 596 Personen.

3.) Klostersande, gleichfalls jenseits der Au, gehört zum Kloster Uetersen. Schule. Volkszahl: 200 Familien, 906 Personen.

Diese seit 1757, die Jurisdiction ausgenommen, vereinigten Theile des Fleckens haben ohngefähr 400 Häuser.

Das Hauptgewerbe besteht im Handel mit Torf und Holzkohlen. 160 Ewer. Bierbrauerei. 1821 wurde ein Schiff von hier auf Wallfischfang ausgerüstet. Die durchgehende Landstraße von Hamburg nach Itzehoe und Ditmarschen vermehrt die Lebhaftigkeit. Jahrmarkt am Donnerstage nach Invocavit, am Montage nach dem ersten Trinitatis, am Tage nach Michaelis, und Nov. 1, an welchem zugleich Ochsenmarkt ist. Wochenmarkt am Mittewochen und Sonnabend. Kleinere Armenhäuser sind auf dem Flammwege, dem Bauerwege und dem Klostersande. Die hiesigen Judenfamilien haben eine Synagoge."

(Quelle: "Topographie des Herzogthums Holstein, des Fürstenthums Lübeck, des Gebiets der freien Hansestädte Hamburg und Lübeck, und des Herzogthums Lauenburg" von Joh. Friedr. Aug. Dörfer, Diaconus der Fleckenskirche in Preetz. 4. Auflage. 1824.)

Wohnhaus aus dem Jahr 1727 in der Reichenstraße in Elmshorn, abgebrochen 1916. Foto: vor 1916

Elmshorn 1855: Schiffahrt ist "ansehnlich"

"Elmshorn, ein Flecken, mit Vormstegen und Klostersande, zwei in gewerblicher Hinsicht mit dem Flecken combinirten Ortschaften (combinirter Flecken Elmshorn), in einer flachen Gegend an der Grenze der Marsch und Geest, zu beiden Seiten der Barmstedter-Au gelegen, welche von hier an Krückau genannt wird. Sämmtliche 3 Commünen werden gewöhnlich unter dem Namen Elmshorn begriffen. 1855: ca. 7000 Einwohner.

Trotz des hiesigen lebhaften Eisenbahnverkehrs gehen noch immer wöchentlich nach Hamburg 4 Frachtwagen ab, und da der Flecken 110 Fahrzeuge (größtentheils Ewer) besitzt, welche 1100 Commerzlast) enthalten, so ist die Schiffahrt ansehnlich. 4 Grönlandsfahrer-Schiffe laufen jährlich auf den Robben- und Wallfischfang aus. Ausfuhrartikel sind besonders Korn, Rappsaat, Mehl, Schiffsbrod, Branntewein, Oel, Thran, Torf und Schusterarbeiten, welcher letztere Artikel sehr bedeutend ist, da im Orte 250 Schustermeister wohnen, welche 140 Gesellen beschäftigen. Außer diesen sind hier ca. 50 zum Theil angesehene Kaufleute und Handwerker aller Art. Unter den Manufacturen und Fabriken verdienen bemerkt zu werden: einige bedeutende Lohgärbereien und Lederfabriken, 1 Lederlackirfabrik, 1 Wagenfabrik, 1 Handschuhmanufactur, 2 Baumwollen-Wattenfabriken, 1 Spritzenfabrik, 4 Tabacksfabriken, 2 Salzraffinerien, 1 Chocoladefabrik, 2 Essigfabriken, 1 Amidamfabrik**), 1 Nadelwaarenfabrik, 1 Strohhutfabrik, 1 Schirmfabrik, 2 lithographische Anstalten, 1 Wollendruckerei, 1 Litzenfabrik, 1 Fabrik von künstlichem Mineralwasser, 1 Cement- und Mastixfabrik, 1 Seifenfabrik, auch sind hier eine Wind-Sägemühle, 1 Holzsägerei, 1 Loh- und Graupenmühle, 1 Kalkbrennerei, 7 Ziegeleien, 1 Thranbrennerei, 2 Oelmühlen, von denen eine mit Dampf getrieben wird, 1 Dampfpapierfabrik, 1 Korndampfmühle, 5 Dampf-Branntweinbrennereien, mehrere Brauereien und eine Schiffszwieback-Bäckerei. In Klostersande und dem unmittelbar daran stoßenden Dorf Wisch sind 3 Schiffswerften. Im Flecken ist eine Apotheke, eine Poststation für Brief- und Extraposten und eine Zollstätte, bei welcher 1 Zollverwalter, 1 Controlleur und 6 Zollassistenten angestellt sind. Es wohnen hier der Kirchspielvogt, 4 Aerzte und 2 Advocaten. Gasthöfe sind hier 4: das sogenannte große Haus, an einer Brücke über die Krückau, weshalb der Besitzer die Gerechtigkeit hat, für Fuhrwerke und Pferde ein Brückengeld zu erheben, Stadt Altona, der holsteinische Hof und die Schweizerhalle am Bahnhof; auf dem sogen. Schützenhof ist ein neues großartiges Vergnügungslocal erbaut."*

(Quelle: "Topographie der Herzogthümer Holstein und Lauenburg, des Fürstenthums Lübeck und des Gebiets der freien und Hanse-Städte Hamburg und Lübeck" von Johannes von Schröder und Hermann Biernatzki. 2. Auflage, 1. und 2. Band. 1855/1856.)

*) Commerzlast = Nach Flensburger Maß im 19. Jahrhundert = 2.600 kg. In Hamburg = 2.944 kg.

**) Amidam = Amidom = Stärke/Kartoffelstärke

Das "Große Haus", ein Gasthof mit Durchfahrt, um 1820. "Das sogenannte Große Haus (rückseitig) an einer Brücke über die Krückau (gelegen), weshalb der Besitzer die Gerechtigkeit hat, für Fuhrwerke und Pferde ein Brückengeld zu erheben." (Quelle des Zitats: "Topographie der Herzogthümer Holstein und Lauenburg..." von Johannes von Schröder. 2. Auflage. 1855.)

Elmshorn 1908: Bemerkenswerter Aufschwung

In den Jahren vor und nach 1900 gehörten Schott'sche Karren zum Straßenbild. Zum Transport kleiner Lasten. Und für jene, die kein Pferdefuhrwerk hatten oder bezahlen konnten. Bis dann zunehmend in den 1920er-Jahren motorisierte Lieferwagen kamen. Bild: Schott'sche Karre im Industriemuseum Elmshorn. Foto: 2003

"Elmshorn, Stadt im Kreis Pinneberg, an der schiffbaren Krückau, an der Grenze von Marsch und Geest, an den Eisenbahnlinien Hamburg-Altona-Neumünster und Elmshorn-Heide der preußischen Staatsbahnen und der Kleinbahn Elmshorn-Barmstedt-Oldesloe. Postamt I. Klasse mit Fernsprechamt, Amtsgericht, Nebenzollamt I. Klasse, Seemannsamt, Katasteramt. Stadtwappen: Oben Stadtmauer mit 3 Türmen und Tor, darunter auf bewegtem Wasser (die Krückau) ein stattlicher Dreimaster unter vollen Segeln.

1895 wurde die Reit- und Fahrschule zu Elmshorn eingeweiht, 1896 das Krankenhaus eröffnet.

Die Stadt hat namentlich während der letzten Jahrzehnte bemerkenswerten Aufschwung genommen. 1867 betrug die Einwohnerzahl 4841, im Jahr 1880: 7296, 1901: 13.781. Der Hafen mit städtischen und privaten Lösch- und Ladeplätzen liegt südlich vom Marktplatz an der Krückau. Die letzten vorliegenden Angaben des Hafenschiffahrtsverkehrs sind von 1902: es gingen 1964 Schiffe mit 197.597 cbm ein, 342 Schiffe mit Ladung mit 30.837 cbm aus.

Schulen: 3 Knaben- und 3 Mädchenschulen mit je 1 Rektor und 5-7 Lehrern bezw. Lehrerinnen. Gewerbliche und kaufmännische Fortbildungsschule, Haushaltungs-

schule, Städtische höhere Töchterschule, Städtische Realschule, Landwirtschaftliche Winterschule.
Spar- und Leihkasse 1838 gegründet. 2 Bankstellen, 1 Kreditverein. 1902 waren folgende gewerbliche Anlagen vorhanden: 16 Bäckereien, 4 Bäckereien und Konditoreien, 3 Brauereien, 3 Mälzereien, 1 Sprit-Hefefabrik und Mälzerei, 3 Getreidehandlungen, 6 Grützmüllereien, 1 Graupenmühle, 2 Meiereien, 6 Mineralwasserfabriken, 33 Schlachtereien, 3 Senffabriken, 1 Stärkefabrik, 3 Schuhwarenfabriken, 2 Eisengießereien, 1 Gold- und Silberwarenfabrik, 2 Hufschmiede, 12 Klempnereien, 1 Schlosserei und Maschinenfabrik, 10 Schlossereien, 1 Werkzeugfabrik, 1 Herstellung von Zentralheizungen, 1 Mühlenbauerei, 5 Stellmachereien, 2 Schiffswerften, 2 Fettpressereien, 1 Gasanstalt, 2 Leimsiedereien, 1 Ölmühle, 1 Färberei, 1 Wollspinnerei, 1 Dachpappenfabrik, 1 Produktengeschäft, 17 Gerbereien, 2 Weißgerbereien, 2 Haarwäschereien, 7 Lederzurichtereien, 4 Buchdruckereien, 1 Kalkbrennerei, 1 Ziegelei, 2 Blockdreher und Pumpenbauer, 3 Bürstenmachereien, 2 Drechslereien, 3 Sägereien, 3 Tischlereien, 9 Gewerbe der Maurerei, 8 Gewerbe der Zimmerei. 8 Ärzte, 2 Tierärzte, 1 Apotheke. "Elmshorner Nachrichten", "Elmshorner Zeitung". Insgesamt 32 Gasthäuser und Herbergen. Märkte: Kram- und Viehmarkt am 4. Dienstag im April; Pfingstmarkt (Krammarkt) am 2. Montag nach Pfingsten; Herbstmarkt (Kram-, Vieh- und Pferdemarkt) am Tage nach Michaelis; Novembermarkt (Kram- und Viehmarkt); Wochenmärkte Mittwoch und Sonnabend.
Das Magistratskollegium besteht aus 5 Mitgliedern, Bürgermeister Anz, das Stadtverordnetenkollegium aus 12 Mitgliedern."

(Quelle: "Topographie des Herzogtums Holstein einschließlich Kreis Herzogtum Lauenburg, Fürstentum Lübeck, Enklaven (8) der freien und Hansestadt Lübeck, Enklaven (4) der freien und Hansestadt Hamburg" von Henning Oldekop. Verlag Lipsius & Tischer. Kiel. 1908.)

Manche Fassaden von Neubauten aus der Zeit um 1900 ließen die Bauherren mit Schmuckelementen aus Stuck verzieren So auch (Bild) am Haus Königstraße/Ecke Holstenstraße. Foto: 2003

In den sogenannten Gründerjahren vor dem Ersten Weltkrieg ließen sich "Leute ums Geld" beeindruckende Wohn- und Geschäftshäuser bauen. Der Bauherr/die Bauherrin des Gebäudes Königstraße/Ecke Holstenstraße notierte das Baujahr in großen Lettern auf der Fassade: 1896. Foto: 2003

Eutin

Eutin 1815: Das freundliche Städtchen

"Freundlich, wie der Wohllaut seines Namens, ist das Städtchen Eutin in seiner Lage am See, mit einer frei und heiter am schönen Markt liegender Pfarrkirche, breiten, reinlichen Gassen und niedlichen Häusern mit ihren Gärten, und den auf zierlichen Börtern vor und hinter den Fenstern aufgestellten Blumenfluren."

(Quelle: "Sommerreise in Holstein 1815" von Dr. Meyer, Domherr in Hamburg. Neudruck Verlag Bernd Schramm. Kiel. 1977.)

Blumen gehörten auch 1815 zum Eutiner Straßenbild. Foto: 1997

Eutin 1855: Öffentliche Bibliothek mit 16.000 Bänden

"Eutin, Hauptstadt des Fürstenthums Lübeck, am Eutiner See, in einer überaus anmuthigen Thalgegend.
Eutin ist wohlgebaut, hat 300 Häuser, welche ein helles und freundliches Ansehen haben und 3019 Einwohner, worunter 2987 Lutheraner, 1 Reformirter, 16 Katholiken, 2 Mennoniten und 13 Juden.
Das Schloß ist an 3 Seiten mit einem Wassergraben umgeben; die Nebengebäude sind vor 28 Jahren mit fürstlichem Aufwande und in modernem Baustyle neu aufgebaut. Der Schloßgarten ist in neuerer Zeit durch geschmackvolle Anlagen erweitert. Bei demselben befindet sich ein Wildpark und im Garten steht ein Tempel. Die Stadtkirche, St. Michaeliskirche. Das jetzige Gebäude wurde 1309 errichtet.
Eutin ist Sitz der Regierung und Justizkanzlei des Fürstenthums, der Administration der Großherzoglich Oldenburgischen Fideicommißgüter), sowie des Amtes Eutin. Außerdem wohnen hier 3 Advocaten,*

Fürstliche Noblesse in Eutin. Beispiel: Der 1830/31 im klassizistischen Stil errichtete (vormalige) Marstall als eine Begrenzung des Schloß-Vorplatzes. Foto: 2003

"Eine Prise nachempfundenes klassisches Griechenland schmückt immer", mag sich der Eutiner Fürstbischof Peter Friedrich Ludwig gedacht haben und ließ sich um 1792 einen kleinen offenen, dorischen Säulenrundtempel bauen. In einschlägigen Unterlagen als Sonnentempel bezeichnet, war und ist das Tempelchen eine Zierde es Eutiner Schloßparks.
Foto: 2009

Das 1694 (1704) errichtete Gebäude Königstraße Nr. 13 in Eutin. Bis 1996 hatte hier die "Hofapotheke" ihre Räume.
Foto: 2009

*4 Aerzte, von denen einer als Physicus**) angestellt ist, und 2 Thierärzte. Das hiesige Militär besteht aus einer Reserve-Compagnie, wovon 3 Offiziere und 66 Mann die hiesige Garnison bilden.*

Ihren Erwerb haben die Einwohner vorzüglich der Anwesenheit der öffentlichen Behörden und Beamten zu verdanken; außerdem sind ihre Hauptnahrungsquellen Ackerbau, Viehzucht und bürgerliches Gewerbe. In der Stadt sind eine Apotheke (Hofapotheke), 2 Buchhandlungen, 1 Buchdruckerei; es sind hier 4 Ofenfabriken, 2 Tabacksfabriken, 1 Tuchmacher, 20 Kaufleute und Krämer, 27 Gast- und Schankwirthschaften, 2 Brennereien, 5 Brauereien, 2 Lohgerbereien, 4 Färbereien und Handwerker aller Art. 2 Müller haben sich nach Aufhebung des Mahlzwanges Windmühlen bei der Stadt erbaut. Auch liegt bei der Stadt eine Ziegelei. Eine Badeanstalt zu Fichtennadel-, russischen Dampf- und sonstigen Bädern ist neu erbaut und zweckmäßig und bequem eingerichtet.

Der Magistrat besteht aus einem Bürgermeister, einem gelehrten Syndicus oder Stadtsecretair, auch zweitem Bürgermeister, und 4 Rathsverwandten. Stadtdeputirte sind 12.

Die Stadt hat eine vereinigte Gelehrten- und Bürgerschule, welche von 420 Schülern besucht wird, in 5 Classen der Gelehrten- und 7 Classen der Bürgerschule. Außerdem besteht eine öffentliche Freischule (100 Kinder), eine Warteschule für Kinder unter 7 Jahren und eine höhere Töchterschule mit 40 Schülerinnen. In dem 1833 neu erbauten Schulhause ist seit 1837 eine öffentliche Bibliothek von etwa 16.000 Bänden aufgestellt. Hinter dem Schulhause befindet sich ein geräumiger Turnplatz; auch ist 1840 in der Nähe der Stadt am kleinen Eutiner-See eine Schwimmanstalt eingerichtet.

In Eutin sind, seitdem das Fürstenthum sich an den dänischen Zollverband angeschlossen hat, 1 Zollverwalter und 2 Zollcontrolleure.

Jahrmärkte hält Eutin alljährlich 3, nämlich Montag in der Fastenwoche, am 3. Montage nach Pfingsten und am 3. Montage nach Michaelis; außerdem wird allwöchentlich am Freitage ein Wochenmarkt gehalten."

(Quelle: "Topographie der Herzogthümer Holstein und Lauenburg, des Fürstenthums Lübeck und des Gebiets der freien und Hanse-Städte Hamburg und Lübeck" von Johannes von Schröder und Hermann Biernatzki. 2. Auflage, 1. und 2. Band. 1855/1856.)

*) Fideicommiß/Fideikommis = Vermögen, auch Immobilien (z.B. Güter), das einer Familie (einem Geschlecht) dauernd erhalten bleiben soll und daher ungeteilt einer Einzelperson zugewandt wird. Dieser Fideikommißinhaber hat das Nutzungsrecht, aber kein Verfügungsrecht wie Belastung, Teilung, Verkauf. Diese Rechtsform ist in Deutschland nicht mehr zulässig.

**) Physicus = Amtsarzt

EUTIN 1908: AUSGEWÄHLTE NOTIZEN

"Eutin, Hauptstadt des zum Großherzogtum Oldenburg gehörigen Fürstentums Lübeck). Sr. Königl. Hoheit der Großherzog residiert zeitweilig im Schlosse zu Eutin. Das heutige Eutin mit 635 Wohngebäuden und 5402 Einwohnern ist zwischen dem Großen und Kleinen Eutiner See in einer Bodensenkung gelegen.*
Der Stadt gehörende Baulichkeiten: 4 Schulhäuser, 1 Gasanstalt, 1 städtisches Krankenhaus, 1 Verwaltungsgebäude, 1 Armenhaus, 1 Wohnhaus.
Straßenbeleuchtung erfolgt durch 200 Gas- und eine kleine Anzahl Petroleumlaternen. Die städtische Gasanstalt erzeugt durchschnittlich im Jahre 340.000 cbm Gas. Wasserversorgung ist beschlossen, Bauarbeiten nähern sich dem Ende.
2 öffentliche Kaltwasser-Badeanstalten im Kleinen See. Speiseanstalt für Bedürftige während des Winters. Kleinkinderbewahranstalt in eigenem Gebäude. Flickschule des Frauenvereins.
Zeitungen: Anzeiger für das Fürstentum Lübeck seit 1802, 2 mal wöchentlich, Auflage 1375. Eutiner Kalender, Auflage 30.000. Gesamtareal der Stadtgemeinde 1147 ha, davon Acker 788 ha, Wiesen 101 ha, Hölzung 16 1/2 ha, Wasser 170 1/2 ha. 213 Pferde, 383 Rinder, 12.000 Obstbäume, 40 Bienenstöcke."

(Quelle: "Topographie des Herzogtums Holstein einschließlich Kreis Herzogtum Lauenburg, Fürstentum Lübeck, Enklaven (8) der freien und Hansestadt Lübeck, Enklaven (4) der freien und Hansestadt Hamburg" von Henning Oldekop. Verlag Lipsius & Tischer. Kiel. 1908.)

*) Die Hansestadt Lübeck gehörte nie zum Fürstentum Lübeck.

Burg zu Eutin im 16. Jahrhundert.

Das Eutiner Schloß, eine markante Vier-Flügel-Anlage. Um 1270 baute Bischof Johann von Tralau sich hier ein "steinernes Haus". Vergrößerungen, Umbauten, Erneuerungen im Laufe der Jahrhunderte stehen in der langen Liste der Baugeschichte. 1689 erfaßte der große Eutiner Stadtbrand auch das Schloß, äscherte die Vorburg und Teile des Hauptbaus ein. Der Wiederaufbau erfolgte umgehend. Die heutige Schloßgestalt wird hauptsächlich bestimmt durch umfangreiche Umbauten nach Plänen von Dallin in den Jahren 1716–1727, in der Ära des Fürstbischofs Christian August. Foto: 2003

FEHMARN

Stadt Fehmarn: Eine Vorbemerkung

Fehmarn ist mit 185 Quadratkilometern die größte Ostseeinsel Schleswig-Holsteins. Und Fehmarn, die gesamte Insel, ist seit dem 1. Januar 2003 eine Stadt. Die bisherige Stadt Burg und die bisherigen Inselgemeinden Westfehmarn, Landkirchen und Bannersdorf haben sich freiwillig zu einer Verwaltungseinheit zusammengeschlossen. Das spart, sagen die Fehmaraner. Die Landesregierung spendete Beifall und machte auch kommunalrechtlich den Weg frei: Stadt Fehmarn.

Fehmarn 1854: Wohlhabende Bevölkerung

"Fehmern), diese Insel ist nur 2 Quadratmeilen groß, aber sehr fruchtbar, weshalb sie auch stark angebaut und bevölkert ist; sie enthält mit der Stadt Burg 8590 Einwohner, die Landschaft ohne Stadt 6779. Ihre Oberfläche ist zwar hügelig, aber nicht hoch und neigt sich ringsum sanft gegen das sie umgebende Meer; Bäche sowohl wie Waldung fehlen ihr fast gänzlich und die den Seewinden exponirte Lage wirkt merklich hindernd auf die Entwicklung des pflanzlichen Lebens ein. Dieser Mangel wird aber völlig durch die Ergiebigkeit des schweren, mit kalkhaltigen Mergel untermengten Thonboden ausgeglichen, den eine im Ganzen wohlhabende und aufgeklärte Bevölkerung fast überall unter sorgfältige Cultur gebracht hat. Eigenthümlich ist namentlich die in topographischer Beziehung merkwürdig alte Anlage der Dörfer und selbst die Bauart der Wohnungen. Das Dorf bildet in der Regel ein längliches Viereck, welches rundum mit Steinwällen eingefaßt ist, und in der Regel nur zwei Ausgänge nach verschiedenen Himmelsrichtungen hat; die Häuser liegen in ziemlich regelmäßiger Reihe an der von ihnen und den Steinwall begrenzten Straße; in der Mitte des Dorfes befindet sich gewöhnlich auf freiem Platz die Viehtränke und der Dingstein, der alte Versammlungsort der Bauernschaft."*

(Quelle: "Topographie des Herzogthums Schleswig" von Johannes von Schröder. 2. Auflage. 1854.)

*) Fehmern, auch Femern = früherer Name für Fehmarn

In der Kirche zu Landkirchen auf Fehmarn der geheimnisvolle "Landesblock", eine urtümliche Truhe aus grobem Holz mit Eisenbändern und schweren Schlössern. Die Truhe wird dem 14. Jahrhundert zugeordnet. Der Überlieferung nach enthielt sie Urkunden der Fehmarn'schen Landesversammlung, die bis 1867 in Landkirchen tagte. Foto: 2001

Fehmarn 1855: Quellen gibt es

"Fehmarn, Fehmern, Femern, schleswigsche) Insel in der Ostsee, gegenüber der NOspitze von Holstein und durch den Fehmer-Sund geschieden; 3 1/4 Quadratmeilen, 8860 Einwohner in 1 Stadt, 1 Flekken, 40 Dörfern und 4 Kirchspielen. Fruchtbar, eben, ohne Flüsse, aber Quellen gibt es. Da es an Holz, Kohlen und Torf fehlt, wird von den Aermeren Erbsenstroh und Mist gebrannt. Die Dörfer sind sämmtlich mit Steinwällen eingefaßt und werden des Nachts verschlossen, damit das freiumhergehende Vieh nicht entlaufen kann. In der Mitte der NOküste ein Leuchtthurm. Die Insel besaß 1842 37 Schiffe mit 609 1/2 Commerzlasten**) und 14 ungemessene Schiffe, wodurch die Ausfuhr und Einfuhr vorzugsweise von Landesprodukten betrieben wurde. Hauptort: Burg."*

(Quelle: "Ritter's geographisch-statistisches Lexikon". 4. Auflage. 1855.)

*) Fehmarn gehörte - unter dänischer Oberhoheit stehend - zum vormaligen Herzogtum Schleswig. Obgleich geographisch gesehen das Herzogtum Holstein deutlich näher lag. 1864 wurde die Insel preußisch.

**) 1 Commerzlast nach Flensburger Maß im 19. Jahrhundert 2600 kg. In Hamburg 2944 kg.

Reiche Ernten erforderten früher große Scheunen. Bild: Eine für Fehmarn typische "Durchfahrtsscheune" aus "alten Tagen" in Albertsdorf. Eine Großtür vorne, eine Großtür hinten ermöglichten dem Bauernwagen samt Pferdegespann Ein- und Ausfahrt in derselben Richtung. Foto: 2002

Bereits vor Jahrhunderten entstanden auf Fehmarn stattliche Kirchen. Wie die Backsteinhallenkirche in Landeskirchen, die im Kern aus dem mittleren 13. Jahrhundert stammt. Die Innenausstattung ist reich und wertvoll. Beispiel (Bild): Die von vier Bogen mandelförmig eingefaßte, doppelseitige Strahlenmadonna aus dem 15. Jahrhundert. Foto: 2001

Fehmarn 1896: Übersetzen mit der Fähre

Die Entfernung der auf flachem Strande liegenden Stadt Heiligenhafen von dem gegenüberliegenden Ohrt) auf Fehmarn beträgt 10 km; westlich und östlich von der Stadt aber nimmt die stellenweise schroff und steil ansteigende Küste einen mehr nördlichen Verlauf und nähert sich dem ihr entgegenkommenden Ufer der Insel so weit, daß diese vom Festland nur noch durch den 1 1/2 km breiten Fehmarnsund getrennt bleibt. Eine Fähre vermittelt den Verkehr über den Sund für Wagen und Fußgänger, doch passiert es nicht selten, daß zur Winterszeit bei Treibeis und starker Strömung ein Übersetzen unmöglich und die Insel vom Verkehr mit dem Festland ausgeschlossen wird.*

An Waldungen ist Fehmarn arm, aber um so üppiger steht, wohin man schaut, das Getreide auf den Feldern, zu dessen Reifezeit vom Festlande aus Hunderte von Arbeitern hinüberpilgern, um bei gutem Lohn die auf Fehmarn schneller denn anderswo beschaffte Ernte erledigen zu helfen. Dank der Fruchtbarkeit des Bodens erfreut sich die Bevölkerung, deren Gastfreundschaft eine besonders nachdrückliche ist, gediegenen Wohlstands; und wenn zur Jahrmarktszeit oder bei Gelegenheit anderer Festlichkeiten die Hofbesitzer in Burg, der einzigen Stadt auf der Insel, zusammenkommen, dann pflegt's lustig herzugehen, und auf dem Schilling hat man dabei von jeher nicht sonderlich gesehen. Dabei zeigt der Fehmaraner ein festes, entschlossenes Wesen und ein unentwegtes Festhalten an der einmal als gut und richtig erkannten Sache.

Die 1231 zuerst genannte Stadt (Burg) hatte sich dank des mit ihr durch einen Kanal verbundenen, guten Hafens am Burger See eines ansehnlichen Handels zu erfreuen, der aber mit der zunehmenden Verlandung des letzteren abflaute, so daß die Bewohner der Stadt sich in erster Linie dem Akkerbau zuwandten. Nachdem jedoch im Jahre 1870 der Hafen von Burgstaaken durch hinreichende Erweiterung und Austiefung auch größeren Schiffen zugänglich geworden ist, hat sich der Handelsverkehr wieder gehoben und eine regelmäßige Dampfschiffahrt verbindet Kiel, Neustadt und Lübeck mit Burg."

(Quelle: "Schleswig-Holstein meerumschlungen in Wort und Bild". Verlagshandlung Lipsius & Tischer. Kiel. 1896.)

*) Die Ortschaft mit dem Namen Orth.

Fehmarn war einst auch die Insel der Windmühlen. Damit die großen Kornernten vor Ort vermahlen werden konnten. Bild: Die Ostermühle in Burg um 1900, schon 1625 erstmals genannt. Die erste Bockwindmühle wurde 1649 vom Wind umgeworfen und 1664 neu erbaut. 1718 wurde auch diese umgeweht. Auf den Mühlenplatz setzte man nun einen sogenannten Galerieholländer. Nach fast 100 Jahren wurde die letzte Burger Ostermühle 1960 abgebrochen. Der letzte Müller hieß Joachim Ehler. Sie stand in der heutigen Sahrensdorfer Straße. (Stadtarchiv Fehmarn)

Die Windmühle von Lemkenhafen auf Fehmarn, ein sogenannter Galerieholländer. Erbaut 1787 vom Kornhändler und Schiffsreeder Joachim Rahlff. Name der Mühle: "Jachen Flünk". Foto: 1999

Flensburg

Flensburg um 1780: Die Einwohner haben wenigstens 200 Schiffe

"Die volkreichste und wichtigste Stadt in diesem Herzogthum (Schleswig) ist Flensburg. Die dasigen Einwohner haben wenigstens 200 Schiffe, und führen einen beträchtlichen Handel nach Westindien. Auch nach Norwegen, wo sie gesalzene Fische holen, und sie dann nach dem mittelländischen Meere führen, und dafür Weine und gedörrte Früchte nach Holland, St. Petersburg, und nach den Häfen an der Ostsee bringen. Auf der einen Seite wird die Stadt von einem Meerbusen Flensburger-Wyck berührt, welcher sich aus der Ostsee auf vier Meilen weit in das Land hinein erstreckt, und an dessen Ende die umherliegenden Hügel einen sichern und geschlossenen Hafen bilden, welcher für die größten Schiffe tief genug ist."

(Quelle: "Reisejournal Niedersachsen". 3 Bände. Erschienen 1789 unter dem Pseudonym "Quintus Amelius Publicola". Das ist Johann Hermann Stoever. Nachdruck im Verlag D. u. K. Kötz. Hamburg. 1975.
Unter Niedersachsen versteht Stoever nicht den historischen niedersächsischen Kreis des deutschen Reiches, sondern jene Teile des alten Sachsenraumes, die sich bis zum Meer hin erstreckten.)

Flensburg am Hafen. Schiffe löschen ihre Holzladung. Foto: vor 1926. J.H. Stoever berichtete um 1780: "Die Einwohner (Flensburgs) haben wenigstens 200 Schiffe."

Flensburg 1822: Vier Leseleihbibliotheken

"Flensburg, Haupthandelsstadt im Herzogthum Schleswig, und die wichtigste Stadt des Landes, am Flensburger Wick; schön gebaut; 15000 Einwohner; ein Hafen mit 3 Schiffswerften, Gymnasium, Hospital, Compagniehaus an der Schiffsbrücke, Zuckerraffinerien, Tabaksfabriken, Segeltuchmanufaktur. Viele Branntweinbrennereien, Färbereien, Papier- und Kupfermühle, Berlinerblaufabrik, Börse, Schauspielhaus, Waisenhaus, 4 Leseleihbibliotheken."

(Quelle: "Allgemeines geographisches Wörterbuch" in der Fassung von J.G.A. Galletti. 1822.)

Das Haus "Neue Kompagnie", Schiffbrücke Nr. 12. Erbaut 1602–1604. Neu deshalb, weil es bereits vor 1602 an anderer Stelle ein (altes) Kompagnie-Gebäude gegeben hat. Die "Neue Kompagnie" diente anfangs sowohl der Kaufmanns-Kompagnie als auch der Schiffergilde als Versammlungshaus. Später dann nur noch der Schiffergilde, die bereits 1581 urkundlich bezeugt ist. In Flensburg heißt die Schiffergilde von alters her Schiffergelag. Präzise: das Schiffergelag. Foto: 2009

Flensburg 1865: Schiffskapitäne im Ruhestand

"Es gibt in Flensburg eine eigene Klasse von Menschen, die man im Innern Deutschlands vergebens suchen würde - reichgewordene Schiffskapitäne, die nach jahrlangen Umherirren in fremden Meeren von ihren Zinsen leben. (...) Ich habe viele solcher Schiffskapitäne kennen gelernt und die Entdeckung gemacht, daß sie erstens ihre Zimmer sehr geschmackvoll einrichten; zweitens, daß sie immer korpulent (...) sind, und drittens, daß sie immer ganz magere Frauen (...) haben. Oft habe ich sehr belesene und wohl unterrichtete Leute unter ihnen getroffen; sie waren aber meist wortkarg und hielten auf Pünktlichkeit in den häuslichen Verrichtungen. (...) Sie sind gutmüthig, sparsam, pflegmatisch und können sehr heißen Grog trinken, ohne sich den Magen zu verbrühen, und Cigarren rauchen, die jeden Andern narkotisieren würden."

(Quelle: "Schleswig-Holstein. Meerumschlungen" von Graf Adelbert Baudissin. 1865.)

Der Oluf-Samson-Gang in Flensburg. Zwischen 1591 und 1615 hat der Reeder und Kaufmann Oluf Samson hier kleine Häuser ("Buden") errichten lassen. Sie haben die Zeitläufe nicht überstanden. Die heutigen, vorwiegend zweigeschossigen Traufenhäuser stammen zumeist aus dem späten 18. Jahrhundert. Vielleicht wohnten vor rund 150 Jahren in einigen dieser Häuser auch Schiffskapitäne im Ruhestand.

Flensburg 1906: Vorderhäuser, Hinterhäuser

Im Jahr 1902 gab es in Flensburg 2431 Vorderhäuser und 811 Hinterhäuser. Bild: Hinterhäuser um 1895 in der Norderstraße Nr. 51.

"Das Stadtgebiet umfaßt 3153 ha, zählt zur Zeit 147 Straßen und Plätze und hatte 1902 im Ganzen 3242 bewohnte Häuser, nämlich 2431 Vorderhäuser und 811 Hinterhäuser. Die Straßen der Stadt sind seit 1863 mit Kopfsteinen gepflastert, die Bürgersteige mit Klinkern, teilweise noch mit granitenen Laufsteinen belegt. Die Gasbeleuchtung existiert seit 1854, die elektrische Zentrale seit 1894. Die großen Brunnenkasten, welche ehedem - reichlich 30 an der Zahl - in der Mitte der Straßen und an Plätzen standen, wurden in den (18)50er Jahren in seitlich stehende Wasserpfosten verwandelt; als aber die früher so reichen, viel gerühmten Quellen mehr und mehr versiegten, ist 1880 ein städtisches Wasserwerk mit gutem Quellwasser errichtet und die Kanalisation begonnen. Die Straßenbahn mit Pferdebetrieb besteht seit 1881, soll aber demnächst elektrisch betrieben werden. Die Zahl der Einwohner betrug nach der letzten Personenstandsaufnahme 1904: 53.819. In der Stadt sind rund 300 industrielle Betriebe, darunter Brennereien, Brauereien, Essigfabriken, Zuckerwaren und Schokoladenfabriken, Seifensiedereien, Spritfabriken, Brotfabriken, Eisengießereien, Maschinenfabriken, Sägemühlen, Ziegeleien, 1 Papierfabrik, 1 Palmölfabrik, 1 Ölmühle, 1 Dampfkornmühle, 1 Reisschälmühle, 1 Wollwarenfabrik, 1 Sodafabrik, 1 Lederfabrik, 1 Glasfabrik, 1 Schiffswerft mit 2580 Arbeitern. Das Firmenregister für die Stadt enthält rund 520 Firmen. In der Stadt sind (1904) 30 Ärzte, 6 Zahnärzte, 4 Tierärzte, 4 Apotheken, 17 Rechtsanwälte, 9 Banken, 180 Agentur-, Kommissions-, Makler- und Speditionsgeschäfte und an 190 Engros-Geschäfte und Fabriken. Die wichtigsten Einfuhrartikel sind: Roheisen, Schienen, Zement, rohe Kalksteine, Steinkohlen, Weizen, Roggen, Gerste, Mais, Palmkerne, Bau- und Nutzholz, ungeschälter Reis, Backsteinziegel, Raffinade. Ausgeführt werden vor allem: geschälter Reis, Maschinen- und Palmöl, Ölkuchen, Schreib- und Druckpapier, Steinkohlen, Holz. In der Stadt sind (1904) 766 Fernsprechzellen."

(Quelle: Auszüge übernommen aus dem Beitrag "Stadt Flensburg" von Oberbürgermeister Dr. Todsen. Veröffentlicht in "Topographie des Herzogtums Schleswig" von Henning Oldekop. Verlag Lipsius & Tischer. Kiel. 1906.)

Friedrichstadt

Friedrichstadt 1854: Die Tore werden nach 19.00 Uhr gesperrt

"Friedrichstadt, Stadt an der südwestlichen Seite des Herzogthums (Schleswig) an der Eider und der Treene. Diese Stadt wurde im Jahre 1621 mit Erlaubniß des Herzogs Friedrich III. von niederländischen Arminianern (Remonstranten) erbaut. Alle Einwohner erhielten sogleich völlige Religionsfreiheit.

Die Stadt wird durch s.g. Sielzüge eingeschlossen, ist in einem Viereck, nach holländischer Art, regelmäßig mit geraden Kanälen durchschnittenen Straßen erbauet. Der Marktplatz, welcher in der Mitte der Stadt liegt und von einer Allee umgeben ist, so wie einige Hauptstraßen, welche mit Alleen besetzt sind, zeichnen sich aus. Es giebt hier 2 Hauptthore: das goldene Thor und das Holmerthor und ein Nebenthor, welche nach 7 Uhr abends gesperrt werden.

Die Anzahl der Häuser betrug im Jahre 1848: 538, und die Anzahl der Einwohner 1845: 2467, worunter 83 Katholiken, 114 Remonstranten, 44 Mennoniten und 422 Juden. Das Wappen der Stadt sind 2 blaue Flüsse im rothen Feld.

Der Magistrat besteht aus einem Stadtpräsidenten, einem Bürgermeister und 6 Rathsverwandten; das Collegium der Stadtdeputirten aus 8 Mitgliedern. Der Stadtsecretair ist zugleich Actuar.) Das Stadtrecht ist aus dem Jahre 1633. Hier ist ein Stadtpfennigmeister, ein Schleusen- und Deichaufseher und ein s.g. Gerichtsschout, welcher zugleich Marktvogt ist.*

*Noch im Jahre 1800 hatte Friedrichstadt 19 Schiffe von 712 Commerzlast**), 1847 nur 8 Schiffe von 97 1/2 Commerzlast. Durch die Betriebsamkeit der Einwohner erhielten sich noch bis zum Jahre 1848, 2 Salzsiedereien, 1 Oelschlägerei, 6 Lohgärbereien, 5 Amidamfabriken***), 1 Essig-*

Blick auf Friedrichstadt nach einer Zeichnung aus dem Jahr 1895.

brauerei, 3 Lichtziehereien, 1 Muschel- und Steinkalkbrennerei und einige Brau- und Brennereien. Bei der Stadt sind 4 Mühlen; zwei derselben gehören der Landesherrschaft und der Stadt gemeinschaftlich, die beiden andern, eine Graupenmühle und eine, die Borkenmühle genannt, sind Privateigenthum.

Eine Buchdruckerei wurde 1822 angelegt. Königliche Beamte wohnen hier folgende: ein Zollverwalter, ein Controlleur, ein Postmeister, ein Deich- und Schleusenaufseher und ein Hafenmeister. Auch sind hier zur Zeit 3 Doctoren der Medicin und Chirurgie und 1 Apotheker.

In der Stadt sind eine lutherische, eine remonstrantisch-reformirte, eine römisch-katholische und eine Mennoniten-Kirche, sowie eine Synagoge.

Der Stadtschule steht ein Rector vor; außerdem sind hier eine lutherische Bürgerschule, wobei ein Cantor und ein anderer Lehrer angestellt sind; jede Religionspartthei, mit Ausnahme der Mennoniten, hat ihre eigene Schule. Jede Religionsparthei unterhält die ihr angehörenden Armen. Wochenmärkte sind hier jeden Freitag.

Die Fischerei in der Eider und der Treene ist so weit die Jurisdiction der Stadt reicht frei. Der Störfang in der Eider und der Lachsfang in der Treene ist nicht unbedeutend.

Das Jahr 1850 ist für Friedrichstadt durch die damaligen Kriegsvorgänge ein sehr unglückliches gewesen. (...) Als am 29. October und an den folgenden Tagen s.J. das Bombardement und der Sturm erfolgte, wurde der größte Theil der Stadt eingeäschert. Im Ganzen sind 137 Gebäude zerstört und 285 Gebäude beschädigt worden. (...) Die abgebrannten Stadttheile sind gegenwärtig wieder aufgebaut; doch hat der Wohlstand der Stadt (...) stark gelitten."

Friedrich III., Herzog von Schleswig-Holstein-Gottorf, der Gründer von Friedrichstadt. Am 24. September 1621 erfolgte die Grundsteinlegung des ersten Hauses.

(Quelle: "Topographie des Herzogthums Schleswig" von Johannes von Schröder. 2. Auflage. 1854.)

*) Actuar = Aktuar = Gerichtsangestellter

**) 1 Commerzlast: Nach Flensburger Maß im 19. Jahrhundert = 2600 kg. In Hamburg 2944 kg.

***) Amidam = Amidom = Stärke

Friedrichstadt 1906: Aus "Bubbeln" werden Fussmatten

"Friedrichstadt, Kreis Schleswig, Stadt an der Einmündung der Treene in die Eider, dadurch entstanden, daß der Herzog Friedrich III. mehreren Holländern (Remonstranten), welche sich nicht an ein Bekenntnis binden lassen wollten und darum aus Dortrecht ausgewiesen wurden, diese Freistadt der Religionsausübung einräumte. Friedrich versprach den Ansiedlern das umliegende Gebiet von einer Meile Umfang und erklärte sich bereit (September 1619 und Oktober 1620) zum Bau der öffentlichen Gebäude das Holz und für die Handwerker 100 Häuser herzugeben. Am 24. September 1621 wurde der erste Stein des ersten Hauses gelegt. Im Mai 1623 hatte Friedrichstadt erst 25 Häuser, 1633 erhielt Friedrichstadt das Stadtrecht.

Die Stadt ist regelmäßig gebaut, von Burggräben und Sielzügen umgeben und rechtwinklig durchquert. In der Mitte liegt der Marktplatz. Die Häuser wenden meistens die Giebel der Straße zu und haben viele Maueranker, auch Holz ist darin angebracht und an den Gesimsen Sandstein, auch Ornament und Marken. Als Wahrzeichen (Hausmarken) kommen vor brauner Hirsch, braunes Roß, weißer Falke, weißer Schwan, roter Stier u.a.m. Die Hauptstraßen sind Prinzenstraße, Prinzessinenstra-

Die Kanäle (Grachten) mit ihren Brücken in Friedrichstadt stammen aus der Zeit der Stadtgründung vor fast 400 Jahren. Bild: Der Kanal "Mittelburggraben" mit der "Großen Brücke". Foto: 2002

ße, Fürstenburgwall, Mittelburgwall. Die Haupttore sind das goldene Tor und Holmer Tor. Die Stadt hat überhaupt ihren holländischen Charakter bewahrt, der sich in der Bauart der Häuser, den Geländern, Treppen, Türklopfern, den verschiedenartig bemalten Türen und Fensterläden ausspricht.

Friedrichstadt hat jetzt 490 Wohngebäude und 2661 Einwohner, darunter ziemlich viele Katholiken, Remonstranten, Mennoniten und Juden.

Die Treene ist noch immer fischreich. Die 'Bubbeln', ein Schilfgewächs, wird zu Fußmatten verarbeitet und gibt vielen Leuten einen Nebenverdienst. Viel benutzter Fährbetrieb geht über die Eider nach Dithmarschen, Chausseen führen nach allen Richtungen. Motorverbindung geht auf der Eider nach Schwabstedt. Das Dampfschiff "EIDER", welches einem Konsortium gehört, verkehrt mit Stückgütern nach Rendsburg, Tönning, Brunsbüttel.

Gewerbefleiß und Sonstiges: 2 Lohgerbereien, Düngerfabrik von Stuhr & Lorenzen, Säurefabrik, Seifenfabrik, Senffabrik, Sagofabrik, Stiefelschäftefabrik, Holzbearbeitungsfabrik, Köllesche Dampfmühle, Schoeningsche Schiffserft. Seit 1802 besteht eine Buchdruckerei, welche herausgibt: 'Friedrichstädter Wochenblatt, Eiderstädter und Stapelholmer Wochenblatt'. Ein Blatt neueren Datums ist die 'Friedrichstadter Zeitung'. Amtsgericht, 1 Rechtsanwalt und Notar, Postamt 2. Klasse, Zollverwalter, Hafenmeister. 2 Ärzte, 2 Diakonissinnen, 1 Tierarzt, Apotheke, Bankverein, Handwerkerbank, Handwerker jeder Gattung. Freitags ist Wochenmarkt. Vor dem 24. Juli und im Oktober großer Pferdemarkt. Krammärkte Freitag nach Himmelfahrt und Freitag vor Mariä Geburt. Seit 1905 besitzt die Stadt eine Gasanstalt."

(Quelle: "Topographie des Herzogtums Schleswig" von Henning Oldekop, Verlag Lipsius & Tischer. Kiel. 1906.)

Treppengiebelhäuser am Marktplatz in Friedrichstadt – mit dem Charme von Alt-Holland. Foto: 2003

Prediger seiner Remonstrantengemeinde und Weinhändler soll er gewesen sein, der Godefridus Paludanus. Als Weinhändler hat er offenbar bestens verdient. Jedenfalls konnte er 1637 das besonders stattliche Gebäude Prinzenstraße Nr. 28 (Bild) errichten. Foto: 2009

Hausmarken statt Hausnummern – so "markierten" die holländischen Siedler ihre Häuser. Am Gebäude Am Binnenhafen Nr. 22 (die heutige Hausnummer): Die wohl älteste Hausmarke von 1622, ein Jahr nach Gründung der Stadt. Die weiße Taube mit dem Ölzweig im Schnabel gilt als Symbol des Heiligen Geistes. Und hier auch als Zeichen der religiösen Toleranz. Foto: 2009

Glinde

Glinde 1855: Volkszahl 256

"Glinde, Dorf an der Glinderau, 1 3/4 Meilen östlich von Hamburg. Dieses Dorf enthält 5 Vollhufen, 10 Kathen und 7 Anbauerstellen. Etwas nördlich vom Dorfe liegt die Glinder-Kupfermühle (52 1/2 Tonnen) Land.) Schule (50 Kinder). Wirthshaus, Schmiede und einige Handwerker. Volkszahl: 256. Areal ohne die Kupfermühle: 762 Tonnen*) á 320 Quadrat-Ruthen. Der Boden ist theils lehmigt, theils sandigt und ergiebig; die Wiesen sind gut; Moor ist wenig vorhanden und Hölzung fehlt."*

(Quelle: "Topographie der Herzogthümer Holstein und Lauenburg, des Fürstenthums Lübeck und des Gebiets der freien und Hanse-Städte Hamburg und Lübeck" von Johannes von Schröder und Hermann Biernatzki. 2. Auflage, 1. und 2. Band. 1855/1856.)

*) 1 Tonne = 320 Hamburger Quadratruten = 0,6307 ha.

Die Wassermühle Glinde, bereits 1229 vorhanden. In dem Jahr schenkte laut Urkunde Graf Adolf IV. (aus dem Hause der Schauenburger) das Dorf Glinde mit der zugehörigen Wassermühle dem Nonnenkloster Reinbek. Im Laufe der Jahrhunderte diente die Mühle unterschiedlichen Zwecken. So war sie ab1648 für einige Zeit Walk- und Fellmühle. Das Amt der Weißgerber im nahe gelegenen Hamburg als Pächter nutzte die Wasserkraft zum Drehen der Gerbbottiche und zum Weichschlagen der Felle. Später war sie Kupfermühle, Farbholzmühle und zuletzt Kornmühle. Foto: 2005

Glinde 1908: 44 Wohngebäude

"Glinde, Landgemeinde, 6 km nw. von Reinbek, an Chaussee Schiffbek-Trittau. Station Glinde der Kreisbahn Tiefstock-Trittau. Areal 687 ha, davon Acker 548 ha, Wiesen 56 ha, Hölzung 8 ha. Aufforstung 25 ha. 44 Wohngebäude, 385 Einwohner, 69 Pferde, 251 Rinder, 49 Schafe.
Glinde ist von O. nach W. gebaut und liegt zu beiden Seiten der Chaussee. Die Glinderau fließt in Windungen durch das Dorf. Wasser- und Dampfmühle (vormals Kupfermühle) am 14 ha großen Mühlenteich. Im Dorf einklassige Schule, 2 Wirtshäuser, 2 Handwerker."

(Quelle: "Topographie des Herzogtums Holstein einschließlich Kreis Herzogtum Lauenburg, Fürstentum Lübeck, Enklaven (8) der freien und Hansestadt Lübeck, Enklaven (4) der freien und Hansestadt Hamburg" von Henning Oldekop. Verlag Lipsius & Tischer. Kiel. 1908.)

Die Glinder Au bei der Glinder Wassermühle. Foto: 2005

Der Glinder Mühlenteich, entstanden durch Aufstau der Glinder Au. Sein Wasser lieferte jahrhundertelang die Kraft zum Antrieb der Glinder Mühle. Heute ist der Mühlenteich Teil des Friederici-Parks. Foto: 2005

Glückstadt

Glückstadt 1824: Die Bürgerschule hat ihr "Local" auf dem Rathaus

"Glückstadt, Stadt an der Elbe, welche hier den kleinen Fluß Rhin aufnimmt, in der Crempermarsch. Poststation. Rollfuhr. Hafen durch den Ausfluß des Rhins in die Elbe gebildet. Königl. Zollcontrolle. Volkszahl 5.178. König Christian IV. fing 1619 an die Stadt anzulegen und zu befestigen, bauete auch ein Schloß, die Glücksburg genannt, auf welchem er sich mehrmals aufhielt, das aber längst abgebrochen ist. 1623 wurde die Stadt zum Stapel der isländischen Waaren gemacht. Eben dieser König verstatete auch den Juden, Mennoniten, Katholiken und Reformirten freie Religionsausübung. 1649 wurde die holsteinische Regierungskanzlei von Flensburg hieher verlegt. Zucht- und Werkhaus für die Herzogthümer Schleswig und Holstein. Aus dem ehemaligen Zeughause ist ein zweites Zuchthaus errichtet für Verbrecher, die unter 5 Jahren zur Beraubung ihrer Freiheit verurtheilt sind.

In Glückstadt ist der Sitz des Obergerichts für Holstein und (Herzogtum) Lauenburg, des Oberconsistoriums für Holstein, seit 1780 des jährlichen Holsteinischen Landgerichts. Armen- und Arbeitshaus. Lombard.) 2 Apotheken. 1 Buchdruckerei. Wöchentliche Zeitung und Expedition der Schlesw.-Holst. Anzeigen. Auf den Robben- und Wallfischfang werden jährlich ohngefähr 10 Schiffe ausgerichtet.*

*Jahrmarkt auf Cantate und am 16. Oct. Zugleich Ochsenmarkt. Die Gelehrten-Schule hat einen Rector, Conrector, Subrector und Collaborator.**) Die Bürgerschule hat ihr Local auf dem Rathause.*

(Quelle: "Topographie des Herzogthums Holstein, des Fürstenthums Lübeck, des Gebiets der freien Hansestädte Hamburg und Lübeck, und des Herzogthums Lauenburg" von Joh. Friedr. Aug. Dörfer, Diaconus der Fleckenskirche in Preetz. 4. Auflage. 1824.)

*) Lombard = Kredit gegen Verpfändung beweglicher Sachen, z.B. Wertpapiere, Waren.

**) Collaborator = Kollaborator = geistlicher Hilfslehrer

Christian den Fierde.

Der dänische König Christian IV. gründete Glückstadt.

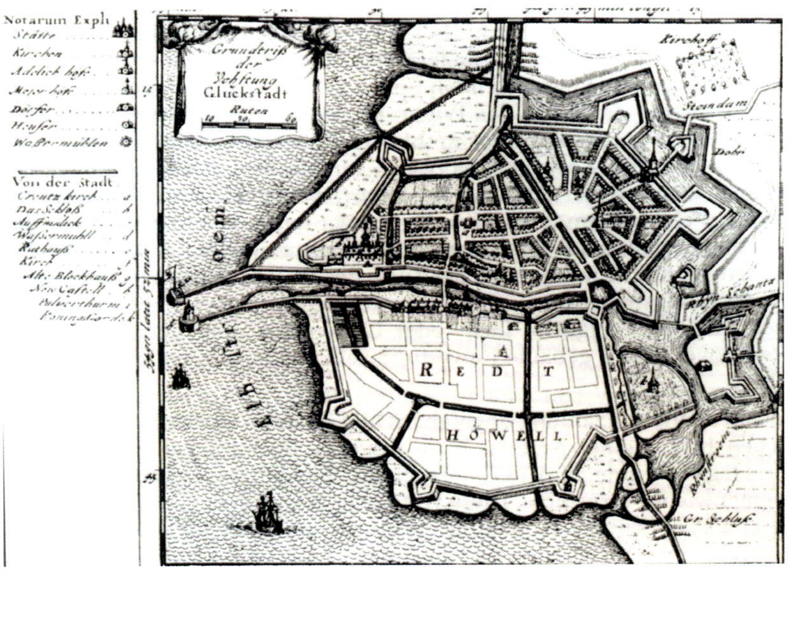

"Grundriß der Festung Glückstadt, wie diese 1641 ausgesehen hat." Aus der "Landesbeschreibung der Herzogthümer Schleswig und Holstein" von Dankwerth (1652).

Glückstadt 1908: Zeitung "Fortuna" seit 1739

"Glückstadt von heute (d.i. 1908) hat 856 Wohngebäude, 6218 Einwohner (1905), darunter 322 Straf- und Untersuchungsgefangene und 349 Korrigenden.) Schulen. Das königliche Gymnasium, 8 Klassen, 12 Lehrer; höhere Töchterschule, 4 Klassen, 8 Lehrkräfte; Bürgerschule, 16 Klassen; gewerbliche Fortbildungsschule, 3 Klassen; Schornsteinfeger-Fachschule, 6 Lehrer; Warteschule.*
*Dem Gemeinwohl bezw. der Öffentlichkeit dienen: Postamt, Amtsgericht, Spar- und Leihkasse; die königliche Wasserbauinspektion; Nebenzollamt am Hafen; die königliche Eisenbahnwerkstatt; die königliche Eisenbahnbau- und Betriebsinspektion und Maschineninspektion; königliches Strafgefängnis; Korrektionsanstalt.**)*
3 Ärzte, darunter der königliche Kreisarzt, 1 Tierarzt, 1 Zahnarzt, Apotheke. Größere gewerbliche und kaufmännische Betriebe außer der Dampfsägerei und Hobelwerk und chemischen Fabrik: Zigarrenfabriken, Bürstenfabriken, Eisengießerei, Fischerei-Aktiengesellschaft, Papierhandlung en gros, Kohlen- und Holzhandel, Kistenfabrik, Ziegelei, Lohgerberei, Weinhandlungen, Wagenbauereien, Spiegel- und Rahmenfabrik, Schuhwarenfabriken, Rohrgewebefabrik, Schiffswerft, Möbelfabriken, Braunbierbrauereien, Gemüseversendung. Alle sonstigen gewerblichen Betriebe, kaufmännische Geschäfte und Handwerke sind vertreten. Buchdruckerei am Fleth Nr. 37, woselbst seit 1739 die älteste Zeitung des Landes erscheint: 'Fortuna'. 9 Gasthöfe, 31 Schankwirtschaften. Grundbesitz: Gesamtareal 648 ha, davon Acker 82 ha, Wiesen 5 ha, Weiden 83 ha. Auf die Elbe entfallen 356 ha. Die Ländereien sind äußerst fruchtbarer Marschboden, es wird intensiver Gemüsebau, im Außendeich Viehgräsung betrieben. 1906 waren vorhanden 82 Pferde, 118 Rinder, 3 Schafe, 405 Schweine."

(Quelle: "Topographie des Herzogtums Holstein einschließlich Kreis Herzogtum Lauenburg, Fürstentum Lübeck, Enklaven (8) der freien und Hansestadt Lübeck, Enklaven (4) der freien und Hansestadt Hamburg" von Henning Oldekop. Verlag Lipsius & Tischer. Kiel. 1908.)

*) Korrigenden = Zöglinge einer Besserungsanstalt

**) Korrektionsanstalt = Besserungsanstalt

Zitat: "Am 22. März 1617 erhielt die Stadt ihren Gründungsbrief, durch welchen der König Namen und Wappen erteilte. Letzteres zeigt eine nackte Fortuna (die Glücksgöttin), die ein vom Winde geblähtes Segel über ihrem Haupte hält und mit einem Fuß auf einer von Wellen getragenen Kugel steht."
Bild: Die nackte Fortuna am Glückstädter Rathaus. Foto: 2005

Glückstadt im Schnee. Nach einer 1967 veröffentlichten Zeichnung von Hermann Wehrmann. Quelle: "Festschrift 350 Jahre Glückstadt 1617–1967". Herausgegeben vom Magistrat der Stadt Glückstadt.

Heide

HEIDE 1824: 6 WINDMÜHLEN

Heide, ein ansehnlicher wohlgebaueter Flecken auf der Geest in Norderdithmarschen. Station für ordentliche und Extrapost. Entfernung von Itzehoe 3 Meilen, von Brunsbüttel 4 1/2, von Marne 3 1/2, Meldorf 1 1/2 Meilen. Gegen 600 Häuser, 229 Ställe und Wirtschaftsgebäude. 1 Armenhaus. 6 Windmühlen.
Der Flecken liegt mitten in der Landschaft; hier ist die Landvogtei, das Gericht und Consistorium). Gewöhnlich wohnen hier der Landschreiber, Actuar**), Branddirector und Kornverwalter des ganzen Nordertheils von Dithmarschen. Pferde- und Krammarkt am Mittwochen vor Fastnacht und vor Margarethen. Lebhafter Wochenmarkt jeden Sonnabend. Der Marktplatz hält 1269 Quadrat-Ruthen; auf demselben ist Kirche und Kirchhof, Schulgebäude, Wach- und Sprützenhaus; vormals auch Pranger; gleichwohl soll noch so viel Platz übrig bleiben, daß 10.000 Mann darauf in Ordnung gestellt werden können. Zur Wahl des hiesigen Pastors und Diaconus***) präsentirt die Gemeinde; sie wählt und vocirt; der Probst confirmirt****) im Namen des Königs."*

(Quelle: "Topographie des Herzogthums Holstein, des Fürstenthums Lübeck, des Gebiets der freien Hansestädte Hamburg und Lübeck, und des Herzogthums Lauenburg" von Joh. Friedr. Aug. Dörfer, Diaconus der Fleckenskirche in Preetz. 4. Auflage. 1824.)

*) Consistorium = Konsistorium = kirchlicher Gerichtshof einer Diözese bzw. Verwaltungsbehörde einer evangelischen Landeskirche

**) Actuar = Aktuar = Gerichtsangestellter

***) Diaconus = Diakonus = 2. oder 3. Pfarrer in evangelischen Gemeinden

****) confirmirt = hier im Sinne von bestätigt/genehmigt

In Heide gibt es 6 Windmühlen, notierte Dörfer im Jahr 1824. Bild: Die sogenannte "Grothsche Windmühle", die dem Vater des Dichters Klaus Groth gehörte. Am 24. April 1810 wurde Klaus Groth in Heide geboren. Zeichnung um 1895.

Von einem mächtigen, rustikalen Kirchturm wie andernorts kann bei der St.-Jürgens-Kirche in Heide keine Rede sein. Aber dafür zieren zwei Türme das Gotteshaus. Der größere, der "eigentliche" Turm stammt aus dem Jahr 1611, ist schlank und rank, dreistufig, mit hohem Spitzhelm und scheint aus dem Kirchendach "herauszuwachsen". Der kleinere, 100 Jahre jüngere Turm ist ein wirklicher "Dachreiter", mit seiner "Zwiebelhaube" an barocke Formen erinnernd. Foto: 1999

Heide 1908: Seit 1897 "grosse Städteordnung"

Der 1903 errichtete Heider Wasserturm wurde 1990 stillgelegt. Der Ausblick vom Turm auf die Marsch, Richtung Westen, und auf die Geest, Richtung Osten, wurde 1908 besonders gerühmt. Das Fassungsvermögen betrug 250 Kubikmeter Wasser. Foto: 1999

"Heide, Kreisstadt im Kreis Norderdithmarschen, an den Eisenbahnlinien Elmshorn-Tondern und Neumünster-Heide; Nebenlinien Heide-Büsum, Heide (Karolinenkoog)-Tönning; Kleinbahnen nach Pahlhude a.d. Eider, über Hennstedt und über Tellingstedt. Chausseen nach Friedrichstadt, Hennstedt und Pahlhude, Meldorf, Büsum und Wesselburen. Sitz des Landratsamtes, Amtsgericht, Steueramt, Reichsbanknebenstelle, Postamt I. Klasse. Das heutige Heide liegt auf der Grenze zwischen Marsch und Geest. Ein Blick vom Wasserturm zeigt uns heute im Westen die Marsch mit der Nordsee im Hintergrunde, nach der entgegengesetzten Seite hügeliges von Knicks belebtes Terrain, prächtige Buchenwaldungen. (...) Das große Armenhaus, 1853 nördlich der Stadt in gotischem Stil für 200 Personen erbaut. Städtisches Krankenhaus. Schulen: Die Volksschule ist siebenstufig, es sind 2 Knaben- und 2 Mädchenschulsysteme, zusammen 26 Klassen. Neunklassige Realschule. Sodann höhere Privatmädchenschule; seit 1889 eine landwirtschaftliche Winterschule.

Die Verwaltung der Stadt (welche seit 15. April 1897 die große Städteordnung besitzt) ruht in den Händen des Bürgermeisters Dr. Hadenfeldt, 4 Stadträten, 12 Stadtverordneten. Seit 50 Jahren hat Heide ein gut geleitetes Gaswerk. Das Wasserwerk ist vor einigen Jahren erbaut mit dem bereits erwähnten Wasserturm. Die Bevölkerung beträgt 8758 Einwohner mit 1374 Wohnstätten. Viehbestand 362 Pferde, 852 Rinder, 21 Schafe. Heide ist nicht eigentlich Industriestadt, obgleich das Gewerbe der Schuhmacher hier von erheblicher Bedeutung gewesen ist. Heide hat im großen ganzen den Charakter einer Landstadt von modernem Gepräge bewahrt. An fabrikähnlichen Betrieben sind vorhanden: 3 Zigarrenfabriken, 1 Zichorienfabrik), 2 Holz- und Kehlleistenfabriken, 3 Tabakfabriken, 2 Möbelfabriken, 1 Bonbonfabrik, 1 Brauerei. Von Bedeutung ist das Bankwesen, neben der Geschäftsstelle der Reichsbank sind hier domiziliert die Westholsteinische Bank, die Heider Volksbank; außerdem un-*

terhalten die Schleswig-Holsteinische Bank und die Vereinsbank Neumünster Nebenstellen in eigenen Gebäuden.
7 Ärzte, 3 Tierärzte, 2 Apotheken. Die frühere "Heider Zeitung" ist vom "Heider Anzeiger" übernommen. 54 Kaufleute, 8 Mühlen, 2 Meiereien. Mehrere gut frequentierte und renommierte Hotels und Cafés, viele modern eingerichtete Gastwirtschaften, mehrere große Saaletablissements mit schönen Gärten, u.a. der Kaisersaal, Colloseum, Tivoli."

(Quelle: "Topographie des Herzogtums Holstein einschließlich Kreis Herzogtum Lauenburg, Fürstentum Lübeck, Enklaven (8) der freien und Hansestadt Lübeck, Enklaven (4) der freien und Hansestadt Hamburg" von Henning Oldekop. Verlag Lipsius & Tischer. Kiel. 1908.)

*) Zichorienfabrik: Zichorie (Cichorie) = Wegwarte, Cichorium intybus, auch "Blaue Blume" genannt. Aus den Wurzeln dieser Pflanze wurde der Cichorien-Kaffe - ein Kaffee-Ersatz - fabrikmäßig hergestellt. Zur Gewinnung der Wurzeln erfolgte der Anbau feldmäßig.

1500 Aktien zu je 1000,- Mark wurden am 18. Januar 1896 zwecks Gründung einer neuen Bank – mit Sitz in Heide – aufgelegt. Gründungskapital somit 1.500.000,- Mark. Die Aktien waren überzeichnet und wurden 129 Aktionären zugeteilt. Name des neuen Instituts: Westholsteinische Bank. Als 1. Direktor wurde Johann Piening angestellt, der in seinem Wohnhaus am Schuhmacherort in Heide das Bankgeschäft eröffnete. Die Geschäfte florierten. Bereits 1908 konnte die Bank an ihrem Hauptsitz in Heide ein stattliches, großstädtisch anmutendes Gebäude (Bild) für ihre Hauptniederlassung errichten. Foto: Vor 1921

Heiligenhafen

Heiligenhafen 1855: 9 Strassen, 327 Häuser

"Heiligenhafen. Die Kirche der Stadt wird zuerst 1262 erwähnt und ist ohne Zweifel in den Jahren 1250 bis 1260 erbaut. Das lübsche (Stadt-) Recht ist nach der ältesten vorhandenen Bestätigungsurkunde von 1305 der Stadt gleichfalls zuerst um die Mitte des vorhergehenden Jahrhunderts verliehen worden.

Jetzt hat die Stadt 9 Straßen mit 327 Häusern, außer einigen sogen. Buden. Volkszahl 1855: 2304. Eine Eintheilung der Stadt in Quartiere findet nicht statt, und außer dem Marktplatze führen die Straßen folgende Namen: Achterstraße, Bergstraße, Brückstraße, Fischerstraße, Mühlenstraße, Schlamerstraße, Schmiedestraße, Thulboden und Hafenstraße. Die Häuser sind bis auf mehrere in den letzten Jahren neu erbaute nur klein und unansehnlich.

Die Stadt hat 5 Schulen, 2 Knabenclassen, eine Mädchenschule und 2 Elementarschulen.Die Einwohner ernähren sich großtentheils von der Schifffahrt, dem Ackerbau und den bürgerlichen Gewerben. Der Fischfang und namentlich die Häringsfischerei ist nicht unbedeutend; auch wird hier Häringsräucherei betrieben. Zünftige Handwerker sind in der Stadt: 22 Schuster, 14 Weber, 11 Schmiede, 11 Schneider, 8 Tischler, 8 Bäcker und 4 Maurer; nichtzünftige Handwerker: 4 Böttcher, 2 Klempner, 1 Weißgerber, 1 Ledertauer, 3 Schlachter, 4 Sattler, 3 Schlosser, 4 Maler, 2 Gläser, 1 Goldschmied, 2 Uhrmacher und 4 Töpfer. Kaufleute und Handeltreibende sind 18, und unter diesen 2 Essigfabrikanten und 1 Seifenfabrikant. Die Bier- und Branntweinbrennereien sind nicht unbedeutend. In der Stadt sind 2 Gasthöfe und eine Apotheke. Hier wohnen 2 Aerzte.

Die Rhede ist durch den vorliegenden Warder gedeckt und von dort führt ein 8 1/2-11 Fuß) tiefer Canal an die Schiffbrücke und in den bei der Stadt befindlichen Hafen. Die Stadt hat 28 Fahrzeuge zu 322 1/2 Commerzlasten.**)*

Bei der Stadt sind 7 Kornwindmühlen, worunter 2 Graupenmühlen.

Heiligenhafen hält 2 Märkte; einen Kram- und Pferdemarkt an den nächsten drei Tagen vor St. Margaretentag, und einen Krammarkt am Montag und Dienstage in der Burger Gallus-Marktwoche. Wochenmärkte finden an jedem Mittwoch statt."

(Quelle: "Topographie der Herzogthümer Holstein und Lauenburg, des Fürstenthums Lübeck und des Gebiets der freien und Hanse-Städte Hamburg und Lübeck" von Johannes von Schröder und Hermann Biernatzki. 2. Auflage, 1. und 2. Band. 1855/1856.)

*) 1 Fuß = 28,8 cm (regional z.T. geringfügig abweichend)

**) 1 Commerzlast = Nach Flensburger Maß im 19. Jahrhundert 2600 kg.in Hamburg 2944 kg.

Heiligenhafens dreischiffige gotische Backsteinhallenkirche ist herausragend, im eigentlichen Sinn des Wortes. Und deshalb aus der Umgebung weit zu sehen. Besonders der Turm mit seinen beiden Stufengiebeln. Der baugeschichtlichen Ordnung halber: Der blendenverzierte obere Teil des Stufengiebelturmes (Bild) mit seinem Satteldach ist nicht gotisch, sondern jünger, sieht ziemlich dänisch aus und stammt aus den Jahren 1636/37. Foto: 2003

Heiligenhafen 1908: Zahl der Fischer nimmt jährlich zu

"Heiligenhafen. Die Einwohnerzahl betrug 1907: 2420. An städtischen Gebäuden sind vorhanden: 1. Das Bürgermeisterhaus. 2. Das städtische Krankenhaus. 3. Das Amtsgerichtsgebäude. 4. Das Spritzen- und Gefängnisgebäude. 5. Das Armenhaus. 6. Das Mädchenschulhaus. 7. 2 Knabenschulhäuser. 8. Das Hafenschulhaus.

Der Hafen. Die Reede ist durch den vorliegenden Graswarder gedeckt. Dieser, eine der Stadt gehörige Insel, wird gebildet von einer etwa 1 1/2 km langen, niedrigen Düne, hinter welcher sich ein etwa 1 1/2 km breiter Streifen minderwertigen Weidelandes ausbreitet. Eine 300 m lange Holzbrücke verbindet die Insel mit dem Festlande. Auf der Insel befinden sich die Badeeinrichtungen der "Deutschen Badegesellschaft" und mehrere Privatvillen, deren Zahl sich jährlich vermehrt. Von der Reede führt ein 4 m tiefer und 17 m breiter Kanal an die Schiffbrücke und in den bei der Stadt befindlichen, durch Molenbauten geschützten Hafen.

Die Kirche liegt an der Nordseite der Stadt auf einer Anhöhe, ganz nahe dem Strande. Sie wird schon im Jahre 1262 erwähnt und ist ein gotischer Ziegelbau. Sie hat schöne Gewölbe, (...), einen stumpfen Hauptturm und über dem Chor einen Dachreiter.

Im Orte sind zwei Ärzte ansässig. Die Apotheke liegt am Marktplatz. An größeren gewerblichen Unternehmungen sind vorhanden: Die "Wagrische Dampfmühle" mit etwa 20 Arbeitern, eine Eisengießerei und Maschinenfabrik mit etwa 15 Arbeitern und eine Kalksandsteinfabrik mit 10 Arbeitern. Ein Haupterwerbszweig der Bewoh-

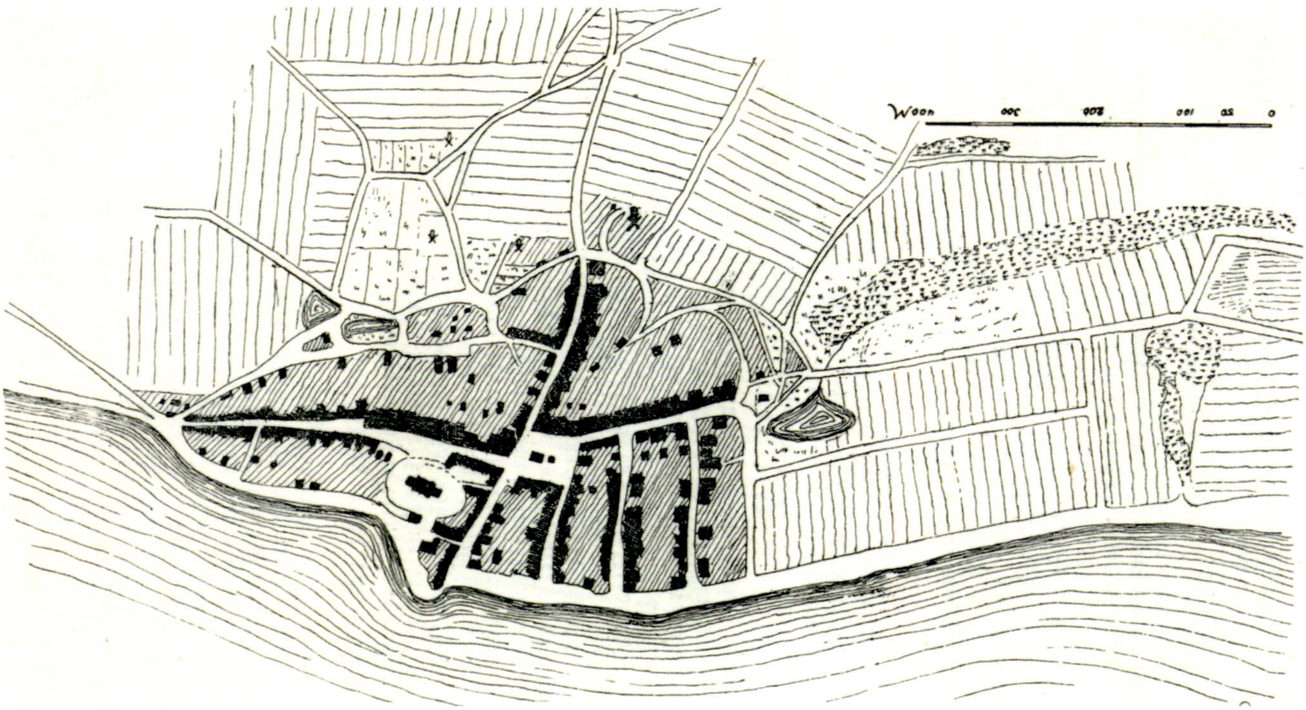

Stadtplan von Heiligenhafen aus dem Jahr 1785. Das an den Stadtkern angrenzende, zum Stadtgebiet gehörende, landwirtschaftlich genutzte Land ist in schmale Parzellen geteilt. Daran hatte sich laut Oldekop auch im Jahr 1908 noch nichts geändert.

ner ist die Fischerei, welche sich zur Hauptsache auf den Butt-, Dorsch- und Heringsfang erstreckt. Die Zahl der Fischer nimmt jährlich zu. An selbständigen Gewerbetreibenden sind vorhanden: 8 Bäcker, 1 Barbier, 1 Böttcher, 1 Buchbinder, 1 Buchdrucker, 2 Brauer, 1 Drechsler, 72 Fischer, 13 Gast- und Schankwirte, 2 Glaser, 1 Goldschmied, 9 Händler, 14 Kaufleute und Krämer, 3 Klempner, 1 Korbmacher, 2 Musiker, 3 Rademacher, 2 Sattler, 2 Seiler, 1 Bootsbauer, 4 Schiffer, 7 Schlachter, 3 Schlosser, 6 Schmiede, 7 Schneider, 15 Schuhmacher, 1 Steinhauer, 5 Tischler, 3 Töpfer, 2 Uhrmacher, 3 Zimmermeister, 2 Gärtner, 8 Lohnfuhrleute, 4 Maler, 4 Maurermeister, 1 Müller. Das Stadtgebiet ist sehr bedeutend. Das Gesamtareal beträgt 1796 ha; davon Acker 1126 ha, Wiesen 85 ha, Weiden 134 ha, Hölzung 2,2 ha. Die im Eigentum der Stadtgemeinde befindlichen Ländereien umfassen einen Flächenraum von 185 ha. Das übrige Areal ist im Besitz der Landwirtschaft betreibenden Einwohner und zwar in Form von mittleren und kleineren Landstellen. Größere Höfe sind nicht vorhanden. Die Ländereien liegen noch in kleinen, schmalen Parzellen, wodurch der Betrieb sehr erschwert wird."

(Quelle: "Topographie des Herzogtums Holstein einschließlich Kreis Herzogtum Lauenburg, Fürstentum Lübeck, Enklaven (8) der freien und Hansestadt Lübeck, Enklaven (4) der freien und Hansestadt Hamburg" von Henning Oldekop. Verlag Lipsius & Tischer. Kiel. 1908.)

Detail am alten Salzspeicher. Foto: 2003

254 Jahre lang, von 1491 bis 1755, besaß Heiligenhafen als landesherrschaftliches Privileg das Seehandelsmonopol für die Landschaft Oldenburg. Im Hafen herrschte reges Leben. Getreide, Holz, Bier und Fische wurden unter anderem ausgeführt. Salz war damals enorm wichtig und wurde in großen Mengen benötigt, um zum Beispiel Heringe haltbar zu machen. Jede Ostseehandelsstadt jener Zeiten hatte ihren Salzspeicher. Heiligenhafen auch. Der wurde (nach heutiger Datierung) 1587 erbaut. Als Fachwerkbau mit einem vorkragenden Obergeschoß. Dann machten moderne Konservierungsmethoden die Salzeinlagerung weitgehend überflüssig. Der Salzspeicher hatte ausgedient. Später eröffnete in dem Gebäude eine Gaststätte. Bild: Teilansicht des alten Salzspeichers in der Straße Kattsund. Foto: 2004

Husum

Husum 1854: 53 öffentliche Pumpen und Brunnen

"Husum ist in 6 Quartiere eingetheilt; die Anzahl der Häuser beträgt 811. In der Stadt sind 53 öffentliche Pumpen und Brunnen. Straßen und öffentliche Plätze der Stadt heißen: Großestraße, Norderstraße, Süderstraße, Neustadt, Wasserreihe, Krämerstraße, Hohlegasse, Zingel, Langenharmstraße. Das Wappen der Stadt ist ein offenes Thor mit den beiden Schleswigschen blauen Löwen im goldenen Felde. Zahl der Einwohner mit Einschluß der Bewohner des Schloßgrundes: 3982.

Die hauptsächlichsten Nahrungszweige der Einwohner sind Handel und Gewerbe und unter diesen namentlich die zahlreichen und bedeutenden Brauer- und Brennereien. Auch bringen die sehr besuchten Viehmärkte großen Gewinn. Von großem

Marktplatz und Rathaus in Husum um 1895.

"Tine" heißt sie und eine Fischerfrau soll sie sein, die Gestalt auf dem Brunnen mitten auf dem Husumer Marktplatz. Und natürlich ist sie eine stolze Friesin, diese Frau in Holzschuhen, mit einem Riemen (= Ruderblatt) in der rechten Hand. Geschaffen hat diese Bronzefigur im Jahr 1902 der gebürtige Husumer Adolf Brütt. Asmussen-Woldsen-Brunnen heißt die Brunnenanlage. Zum Gedenken an Anna Catharina Woldsen, die ihr Vermögen zum Wohle bedürftiger Mitbürger einsetzte.

Alte Wache und Waage auf dem Husumer Markt. Abgebrochen 1869. Zeichnung, nach alten Unterlagen, von 1927.

Vortheile für die Stadt wird die in Angriff genommene Flensburg-Husum-Tönninger Eisenbahn werden; der Bahnhof wird bei dem Zwingel, zwischen der Stadt und Rödemis erbaut. Es befinden sich hier: 2 Apotheken, 1 Buchdruckerei, 2 Oelfarbehandmühlen, 5 Färbereien, 2 Kalkbrennereien, 5 Gärbereien, 1 Salzraffinerie, 4 Tabacksfabriken, 3 Cigarrenfabriken, 3 Cichorienfabriken), 1 Wollenwaarenfabrik, 1 Eisengießerei, 1 Essigbrauerei, 5 Branntweinbrennereien und 7 Bierbrauereien. Auch ist hier eine Schiffsbauerei. Zu der bei Osterhusum belegenen Wassermühle gehören ebenfalls 3 Windmühlen. Eine eigene Loh- und Windmühle gehört dem Schusteramte und einem Lohgerber. Der Magistrat besteht aus 2 ürgermeistern und 4 Rathsverwandten. Der erste Bürgermeister ist zugleich Stadtsecretair und Polizeimeister. Das Collegium der Stadtdeputirten enthält 4 beständige und 4 in jedem vierten Jahre wechselnde Mitglieder. Seit dem Jahre 1812 führt ein Stadtcassirer das Rechnungswesen. Die hier wohnenden Königl. Beamten sind folgende: der Amtmann der Aemter Husum und Bredstedt, der Landvogt des Amtes Husum, der Amtsverwalter, der Hausvogt, der Deichinspector des nördlichen Marschdistricts, der Zollverwalter, 2 Controlleure, der Physicus**) und der Postmeister; außerdem wohnen hier 3 Advocaten und 4 Doctoren der Medicin. Seit dem Jahr 1809 besteht eine Bürgerwittwencasse, seit 1830 eine Spar- und Leihcasse. Husum hält jährlich 3 Pferde-, und mehrere, besonders bedeutende Schweine- und Viehmärkte, ferner 2 Krammärkte."*

(Quelle: "Topographie des Herzogthums Schleswig" von Johannes von Schröder. 2. Auflage. 1854.)

*) Cichorienfabrik: Cichorie = Wegwarte (botanisch: Cichorium intybus), auch "Blaue Blume" genannt. Aus den Wurzeln dieser Pflanze wurde Cichorien-Kaffee - ein Kaffee-Ersatz - fabrikmäßig hergestellt.

**) Physicus = Amtsarzt.

Husum 1905: Mit Ortsfernsprechnetz

"Husum, Stadt an der Husumer Au und am Rande der Marsch. 8268 Einwohner. Postanstalt, Telegraphenanstalt, Ortsfernsprechnetz, Eisenbahnstation (2 Bahnhöfe, Linien Elmshorn-Hvidding und Jübek-Tönning der Preuß. Staatsbahn), Dampfschiffstation. Reichsbanknebenstelle, Volksbank, Filiale der Schleswig-Holst. Bank, Spar- und Leihkasse, Landratsamt (im Schloß vor Husum), Amtsgericht, Domänen-Rentamt, Neben-Zollamt, Strandamt, Küstenbezirksamt, Konsulat für Großbritannien, ev. Pfarrkirche, Gymnasium, Eisengießerei, Bierbrauerei, Fischräucherei, Lackfabrik, Depot der schleswigschen Austernzucht, Hafen, Reederei (1902: 14 Segler und 2 Dampfer mit 911 Brutto-Reg. Tons), Viehmärkte, Viehausfuhr."

(Quelle: "Neumanns Orts- und Verkehrs-Lexikon des Deutschen Reichs". 4. Auflage, erster Teil. Verlag des Bibliographischen Instituts. 1905.)

Das 1612 im Stil der Spätrenaissance mit mehrfach gestuften Schweifgiebeln erbaute Torhaus zum "Schloß vor Husum". Foto: 2002

Itzehoe

Itzehoe um 1780: Das Kloster besitzt 9 Dörfer

"Das Kloster Itzehoe ist das älteste (in Schleswig-Holstein). Es hat 19 Conventualinnen und 15 respectivirte Fräulein. Die Aebtißinn des Klosters ist die erste adeliche Dame in Hollstein. Der Präses heißt Verbitter, und ist der erste unter den 4 Prälaten in Hollstein und Schleswig. Jetzt (d.i. um 1780) ist es der Geheime-Rath Graf von Brockdorff. Das Kloster besitzt übrigens 9 Dörfer allein, worüber es auch die Gerichtsbarkeit hat, und überdem hat es an 35 anderen Dörfern Antheil."

(Quelle: "Reisejournal Niedersachsen". 3 Bände. Erschienen 1789 unter dem Pseudonym "Quintus Amelius Publicola". Das ist Johann Hermann Stoever. Nachdruck im Verlag D. u. K. Kötz. Hamburg. 1975.
Unter Niedersachsen versteht Stoever nicht den historischen niedersächsischen Kreis des deutschen Reiches, sondern jene Teile des alten Sachsenraumes, die sich bis zum Meer hin erstreckten. Also auch Holstein.)

Auf dem Klosterhofgelände das gußeiserne Denkmal für Prinzessin Juliane von Hessen, die 50 Jahre lang (1810–1860) diesem adeligen Damenstift in Itzehoe als Äbtissin vorstand. Dahinter der Klosterteich und das Äbtissinnenhaus von 1696, dann 1723 nach rechts (im Bild) verlängert. Alles überragend der Kirchturm von St. Laurentius. Foto: 2001

Detail am gußeisernen Denkmal für die Äbtissin Juliane von Hessen. Foto: 2001

In der St. Jürgenstraße. Im Hintergrund die St. Jürgen-Kapelle, erbaut vor 1661. Der Vorgängerbau war dem Stadtbrand von 1657 zum Opfer gefallen. Foto: vor 1926

Itzehoe 1855: In der Stadt 4 Buchhandlungen

(Quelle: "Topographie der Herzogthümer Holstein und Lauenburg, des Fürstenthums Lübeck und des Gebiets der freien und Hanse-Städte Hamburg und Lübeck" von Johannes von Schröder und Hermann Biernatzki. 2. Auflage, 1. und 2. Band. 1855/1856.)

*) Farin = gelblich-brauner, nicht vollständig gereinigter Zucker

**) 1 Commerzlast im 19. Jahrhundert nach Hamburger Maß = 2944 kg

"Itzehoe, Stadt auf einer Anhöhe an der Stör. Itzehoe besteht aus 2 Theilen, der Altstadt und Neustadt, welche durch einen Arm der Stör getrennt, aber durch die lange Brücke mit einander verbunden sind. Die ganze Stadt hat 669 Häuser. Oeffentliche Plätze sind: der Markt, der Pferdemarkt, der Gänsemarkt, die alte und die neue Winde. Volkszahl 1855, incl. Militair: 6728, Militair (Dragoner-Regiment) 405, also ohne Militair 6323.Haupterwerbszweige sind der Handel mit allen Arten Getraide, welches aus der Umgebung täglich zur Stadt gebracht wird, der Handel mit Bau- und Brennholz.

In Itzehoe ist eine Zollstätte und ein Posthaus; hier wohnen 6 Advocaten, 5 Aerzte und 2 Zahnärzte. In dieser Stadt sind 2 Apotheken. Es ist hier eine Buchdruckerei mit Schnellpressen, in welcher wöchentlich ein vielgelesenes Wochenblatt erscheint und 4 Buchhandlungen. An Fabriken und Manufacturen sind in der Stadt: 1 Kartenfabrik, 1 Tapetenfabrik, 4 Lichtgießereien, 5 Tabacksfabriken, 2 Cigarrenfabriken, 1 Seifenfabrik, 3 Hutfabriken, 2 Reifschlägereien, 2 Lohgerbereien, 1 Wattenfabrik, 1 Kalkbrennerei, 2 Salzfabriken, 1 Cichorienfabrik, 4 Töpfereien, 2 Tabackspfeifenfabriken, 1 Ziegelei, 1 Zuckerraffinerie, welche 1854 3.384.000 Pfund Hutzucker, 730.000 Pfund Farin) und 1.100.000 Pfund Sirup fabricirt und 110 Arbeiter beschäftigt hat, und 2 Stouts-Fabriken. Unter den Kaufleuten sind 40, welche mit Manufactur-, Gewürz- und Farbewaaren handeln; 8 Getreidehändler, 4 Holzhändler und 2 Weinhändler. Brennereien und Brauereien sind in der Stadt 30. Itzehoe hat 14 Handwerkszünfte: Schuster 50, Bäcker 20, Schneider 33, Tischler 16, Schlachter 22, Schmiede 7, Schlosser 9, Böttcher 7, Zimmerleute 8, Sattler 7, Maurer 6, Glaser 6, Rademacher 3 und Barbierer 6, welche letztere das einzige geschlossene Amt bilden. Die Schiffsbauerei beschränkt sich nur auf die Erbauung kleinerer Fahrzeuge. Größere Gasthöfe sind in der Stadt 4. Diese Stadt hat 22 Fahrzeuge zu 236 Commerzlast**) und der Verkehr mit Altona und Hamburg zu Wasser ist ziemlich bedeutend, besonders mit Holz, Getraide und anderen Erzeugnissen des Landes, wogegen wieder Colonialwaaren, Taback, Manufacturwaaren und sonstige Bedürfnisse eingeführt werden.*

In der Stadt ist eine höhere Knabenschule in 2 Classen mit 2 Lehrern; der ersten Classe steht ein Rector vor; die höhere Mädchenschule hat ebenfalls 2 Classen. Außerdem sind hier 2 Elementarschulen für Knaben, 2 Elementarschulen für Mädchen, 1 Armenschule, 1 Waisenhausschule und einige Privatschulen."

"Wenn ich groß bin, werde ich eine Remonte und komme ins Remontedepot nach Itzehoe."

Itzehoe 1905: Mit Remontedepot

"Itzehoe, Stadt, in anmutiger Gegend auf einer Anhöhe an der schiffbaren Stör und am Rande der Marsch; Kreis Steinburg. 15.649 Einwohner, davon 15.176 Evangel., 345 Kath. und 28 Juden; Feldartill.-Regiment Nr. 9. Postanstalt, Telegraphenanstalt, Ortsfernsprechnetz, Eisenbahnstation (Linien Elmshorn-Hvidding und Wrist-Itzehoe der Preußischen Staatsbahn). Reichsbanknebenstelle, West-holst. Handwerkerbank, Kreditverein, Landratsamt, Seemannsamt, Amtsgericht nebst Strafkammer, Hauptsteueramt, Remontedepot), 2 ev. Kirchen, kath. Kirche. Realgymnasium, Realschule, adl. Fräuleinstift, Kreisgefängnis, viele milde Stiftungen. Konsulate für Schweden und Norwegen. Motoren- und Maschinenfabrik, Zuckerraffinerie, Baumwollweberei, Netz-, Tapeten-, Tabak-, Zichorien-**), Seifen-, Zement-, Dachpappenfabrik, Bierbrauerei, Ziegeleien, Kalkbrennerei, Dampfsägemühle, 2 Schiffswerften, Schiffahrt Reederei (1902: 8 Segler mit 251 Br.-Reg.-Tons), Handel mit Vieh und Getreide.Itzehoe entstand 809, erhielt 1238 (Neustadt) und 1303 (Altstadt) lübisches (Stadt-) Recht."*

(Quelle: "Neumanns Orts- und Verkehrs-Lexikon des Deutschen Reichs". 4. Auflage, erster Teil. Verlag des Bibliographischen Instituts. 1905.)

*) Remonten: Bezeichnung für die zur Weiterzucht ausgewählten Pferde. Früher speziell die von Remontierungskommissionen zur Ergänzung des Pferdebestandes des Heeres aufgekauften jungen Pferde.

**) Zichorie (Cichorie) = Wegwarte. Cichorium intybus, auch "Blaue Blume" genannt. Aus den Wurzeln dieser Pflanze wurde fabrikmäßig ein Kaffee-Ersatz hergestellt. Zur Gewinnung der Wurzeln erfolgte der Anbau der Wegwarte (Zichorie) feldmäßig. Walter Springer schrieb 1940 in seinem Buch "Die blaue Blume": "Im Jahr 1811 gründeten in Itzehoe Ottens & Wulf eine Zichorienfabrik, die noch heute (d.i. 1940), allerdings in anderem Besitz besteht."

Haus Klosterhof Nr. 5 entstand im 18. Jahrhundert. Foto: 2001

Tür im Haus Hinter dem Klosterhof Nr. 9. Foto: 2001

Die Giebelspitze des 1869 errichteten Vorderbaus der Kaiser-Karl-Schule haben die Itzehoer mit allegorischen Figuren geschmückt: "Kunst" und "Wissenschaft". Foto: 2001

Kaltenkirchen

Kaltenkirchen 1855: Der Krammarkt wird Kirchmesse genannt

"Kaltenkirchen, Kirchdorf 1 Meile südöstlich von Bramstedt, Amt Segeberg. Dieses bedeutende Dorf enthält 7 Halbhufen, 6 Viertelhufen, 5 Achtelhufen, 4 Zwölftelhufen, 28 Kathen mit und 14 Kathen ohne Land. Hierzu gehören die entfernt bei der Altona-Kieler Chaussee und der Rantzauer Scheide gelegenen 7 Haidkathen; 1 Kathe wird Ellerdiek (Nachtschatten) und eine andere an der Landstraße nach Ulzburg Gläserkathe genannt. Eine Kathe im Dorfe heißt Doctorkathe und eine südwestlich an der Schirnau ausgebaute Kathe (Moorkathe). Die Kirche wird schon 1301 erwähnt, ist lang und schmal, hat einen ansehnlichen Spitzthurm und eine Orgel, ist aber zu klein für die Gemeinde. Schule mit 2 Lehrern (165 Kinder). 2 ansehnliche Wirthshäuser, 2 Brauereien, 2 Brennereien, 2 Höker, 2 Bäcker, 2 Schlachter, 1 Färber, 3 Schmiede, 1 Schlosser und Handwerker fast aller Art. Hier ist ein von dem Prediger Hensler 1731 gestiftetes Armenhaus mit 8 Wohnzimmern, worüber ein besoldeter Armenvogt die Aufsicht führt. Volkszahl: 681. Im Dorfe wohnen der Kirchspielvogt des Kirchspiels Kaltenkirchen und der vom Kirchspiele besoldete Polizeireuter.
Ein ansehnlicher Krammarkt, Kirchmesse genannt, wird jährlich am 9. und 10. Octb. gehalten. Der Boden ist nicht sehr fruchtbar, die Wiesen sind durch Cultur verbessert. Im Jahre 1801 brannten hier 26 Gebäude und das Armenhaus ab."

(Quelle: "Topographie der Herzogthümer Holstein und Lauenburg, des Fürstenthums Lübeck und des Gebiets der freien und Hanse-Städte Hamburg und Lübeck" von Johannes von Schröder und Hermann Biernatzki. 2. Auflage, 1. und 2. Band. 1855/1856.)

Gebäude in der Wiesenhofstraße Nr. 7 – mit dem Charme des "alten Kaltenkirchens". Foto: 2006

Kaltenkirchen 1908: Mit fleckenartigem Charakter

Kaltenkirchen, Haus in der Bahnhofstraße, erbaut laut Giebelinschrift 1909.
Foto: 2006

"Kaltenkirchen, Landgemeinde und Kirchdorf, 25 km sw. von Segeberg, an der Chaussee Lentföhrden-Ochsenzoll, Abzweigung der Chaussee nach Segeberg und nach Schmalfeld. Eisenbahnstation der Linie Altona-Bramstedt. Areal 2142 ha, davon Acker 1145 ha, Wiesen 139 ha, Hölzung 11 ha. 169 Wohngebäude, 1151 Einwohner. 134 Pferde, 577 Rinder, 87 Schafe. Kaltenkirchen ist ein bedeutendes Dorf mit fleckenartigem Charakter und liegt am Kreuzungspunkt der Chausseen verteilt. In der Mitte der Marktplatz. Die Kirche wird 1301 erwähnt. Sie brannte 1878 nieder und wurde im folgenden Jahre als neugotischer, kreuzförmiger Ziegelbau neu errichtet. Der Rundturm blieb erhalten, außen mit Ziegeln verkleidet, mit langer, schmaler Spitze. Vierklassige Schule, 1 Arzt, 1 Tierarzt, Apotheke, 2 Sparkassen, 2 Bankfilialen, 2 Meiereien, 2 Mühlen, 12 Wirtshäuser. Ein Krammarkt wird im Oktober abgehalten. Der Boden ist nicht sehr fruchtbar."

(Quelle: "Topographie des Herzogtums Holstein einschließlich Kreis Herzogtum Lauenburg, Fürstentum Lübeck, Enklaven (8) der freien und Hansestadt Lübeck, Enklaven (4) der freien und Hansestadt Hamburg" von Henning Oldekop. Verlag Lipsius & Tischer. Kiel. 1908.)

Die Altona-Kaltenkirchener-Eisenbahn (AKE) nahm 1884 den Betrieb auf. Die Strecke wurde später abschnittsweise nach Norden verlängert, 1916 bis Neumünster. Neuer Name: Eisenbahngesellschaft Altona-Kaltenkirchen-Neumünster. Bild: Der Bahnhof in Kaltenkirchen um 1900/1910.
Bildnachweis: Stadt Kaltenkirchen

Kappeln

Kappeln 1854: Viel Schiffahrt und Fischerei

Laut der Topographie von Johannes von Schröder (2. Auflage) standen im Jahr 1854 in Kappeln 230 mit Ziegeln gedeckte Häuser. Dieses Fachwerkgebäude in der Mühlenstraße gehörte dazu. Es stammt aus dem 18. Jahrhundert – war also 1854 bereits "in die Jahre gekommen". Und hat, stilvoll restauriert, die Zeitläufe überstanden.
Foto: 2001

"Cappeln, Flecken in Angeln, an der Schlei, wird in 4 Quartiere getheilt und enthält 230, sämmtlich mit Ziegeln gedeckte Häuser. Die Zahl der Einwohner: 2081. Die Hauptstraßen sind die Mühlenstraße, Schmiedestraße und Dänthof. Der Hafen an der 600 bis 800 Ellen) breiten Schlei ist 7 bis 8 Fuß**) tief.*

*Unter den Einwohnern sind 152 Schiffer und Seefahrende, 5 Hauptfischer, welche Heringszäune von den in der Nähe belegenen Gütern gepachtet haben, mehrere Heringsräucherer, von denen einige 2 bis 6 Rauchhäuser besitzen und Handwerker fast aller Art. Auch sind hier: 1 Brau- und Brennerei, mehrere Grützmühlen, 2 Senfmühlen, 2 Lichtgießereien, 1 Tabacksfabrik, einige Methbrauereien, 3 Seilerbahnen und auch eine Schiffswerfte, auf der Schiffe von 6 bis 40 Commerzlast***) gebauet werden. Im Flecken ist eine Apotheke. Brief- und Frachtpost 4mal wöchentlich und seit 1853 eine Extrapost.*

Die Haupterwerbszweige sind Schifffahrt und Fischerei; die erste beschäftigt 40 bis 50 dem Flecken gehörige Fahrzeuge, von welchen mehrere Schiffe nach Kopenhagen, Norwegen, Hamburg, Lübeck, Rostock und Stettin segeln. Ein im Jahre 1845 auf Actien angeschafftes Dampfschiff setzt

Um 1854 waren in Kappeln 152 Schiffer und 40 bis 50 Schiffe registriert. Die Handelsreisen führten unter anderem auch nach Kopenhagen, Norwegen, Hamburg, Lübeck, Rostock und Stettin. Im Museumshafen Kappeln haben (Bild) ldtimerschiffe in langen Reihen festgemacht. Und erinnern eindrucksvoll an Schiffahrtszeiten in Kappeln vor etwa 165 Jahren. Foto: 2007

den Flecken fast täglich in Verbindung mit Schleswig. Die Fischerei liefert besonders Heringe, von denen im Durchschnitt jährlich zwischen 800 bis 900 Tonnen á 20 Wall geräuchert nach den dänischen Inseln und anderen Ländern versandt oder von sächsischen und thüringischen Kärrnern abgeholt werden. Auch das Räuchern und Einsalzen von Würsten ist nicht unbedeutend und beträgt im Durchschnitt 150.000 Pfund.

Untern 6. März 1846 erhielt Cappeln eine neue Fleckensordnung; zufolge dieses Privilegiums sind die Einwohner zur Betreibung des Handels und aller Art bürgerlicher Gewerbe und Nahrung befugt.

*Cappeln hat 3 Schulen, eine Knaben-, eine Mädchenschule und für beide eine Elementarschule; die Töchter der ärmern Einwohner werden unentgeldlich im Nähen und Stricken unterrichtet, wozu eine Lehrerin angestellt ist. Das Armenhaus hat außer einem gemeinschaftlichen großen Zimmer 12 besondere Wohnungen. Seit dem 1. October 1850 ist eine Arbeitsanstalt errichtet. Spar- und Leihcasse seit 1819. Die um den Flecken liegenden Gärten, deren jeder 1 bis 2 Schip****) enthält, haben die Einwohner in Zeit- oder Erbpacht.*

Eine Fähre geht vom Dorf Ellenberg im Gute Loitmark nach Cappeln und für Fußgänger eine von Cappeln dorthin.

Märkte werden gehalten, am Mittwoch und Donnerstage nach Philippi, Jacobi und an den nämlichen Tagen nach Gallas. Viehmärkte hat Cappeln an den 4 Freitagen nach Gallas und an jedem Mittwochen im Jahre; Wochenmärkte sind an jedem Mittwoch."

(Quelle: "Topographie des Herzogthums Schleswig" von Johannes von Schröder. 2. Auflage. 1854.)

*) 1 Elle = Nach Flensburger Maß aus dem 19. Jahrhundert = 2 Fuß = 57,6 cm.

**) 1 Fuß = Nach Flensburger Maß aus dem 19. Jahrhundert = 28,8 cm.

***) 1 Commerzlast = Nach Flensburger Maß aus dem 19. Jahrhundert = 2.600 kg (in Hamburg 2.944 kg.)

****) Schip (Schipp/Schippsaat): In Angeln 6 Schippsaat (Schipp) = 0,3027 Hektar. Somit 1 Schipp = 0,05 Hektar. (Quelle: "Landwirts. Adreßbuch Schleswig-Holstein". 1950.)

Kappeln 1906: Vermögen der Stadt 650.000 Mark

"Kappeln, Stadt im Kreis Schleswig, auf dem Westufer der Schlei hoch gelegen und von der Mündung 7 km entfernt. Die Stadt ist von Wasser, Wald und üppigen Gefilden umgeben. Kappeln war ursprünglich von Fischern bewohnt und hat seinen Namen von einer alten Nikolaus-Kapelle (1357 Capele). Die Stadtgerechtigkeit erhielt der Ort 1870.

Kappeln hat 400 Wohngebäude und 2569 Einwohner. Die Stadt ist durch Kreisbahnen mit Flensburg, Schleswig und Eckernförde verbunden, Dampferverbindung besteht mit Kiel und Schleswig. Die 1897 neu erbaute Pontonbrücke über die Schlei vermittelt den Verkehr zwischen den Landschaften Angeln und Schwansen.

Nördlich an die Stadt schließt sich der Stadtteil Neukappeln. Die Stadt wird in 4 Quartiere geteilt, 2 Hauptstraßen: Schmiedestraße und Mühlenstraße, laufen von O. nach W., andere Straßen heißen Friedrich-, Wilhelminen-, Quer- und Fabrikstraße; die älteste Straße ist 'Dehnthof'. Marktplätze sind Rathausmarkt und Neumarkt, am ersteren liegt das Rathaus. Die Kirche liegt inmitten von Anlagen an der Ostseite, nahe der Schlei. Sie ist 1789–1793 gebaut,

Die erste Brücke über die Schlei bei Kappeln, eine Pontonbrücke, Blickrichtung nach Ellenberg (Postkarte um 1900). Für diese städtische Brücke war Brückengeld zu zahlen. Nach dem am 2. September 1903 vom Oberpräsidenten in Schleswig genehmigten Tarif zum Beispiel: Erwachsene 10 Pfg., Kinder 5 Pfg., Kutsche mit 1 Pferd bespannt 20 Pfg., mit 2 Pferden bespannt 40 Pfg., mit 4 Pferden bespannt 60 Pfg., Kraftwagen 40 Pfg., ein Reiter mit Pferd 20 Pfg., Radfahrer mit Fahrrad 20 Pfg., Handwagen mit Zieher 10 Pfg., ein loses Pferd, Rind oder Schwein 10 Pfg., ein Schaf, Ferkel oder Kalb 5 Pfg. Für die Durchfahrt von Schifffen wurde die Pontonbrücke durch den Brückenwärter geöffnet. Das Verfahren regelte die "Polizeiverordnung für den Hafen Kappeln" vom 5. Februar 1912 im § 17. Die Schiffer hatten gehißte schwarze Kugeln an der Brücke zu beachten und ihrerseits bestimmte Signale zu geben. Bildnachweis: Stadtarchiv Kappeln

ein stattlicher und schöner Ziegelbau, der fast freistehende 60 m hohe, schlanke, mit Kupfer gedeckte Turm enthält Durchgang und Treppen.
Altersheim Margaretenhof, großer schloßartiger Neubau. Diakonissin ist stationiert. Krankenhaus unter dem Protektorat Ihrer Hoheit der Frau Herzogin Mathilde zu Schleswig-Holstein-Glücksburg. 1 Armenanstalt. Landwirtschaftliche Lehranstalt, 3 Klassen, 6 Lehrer. Neunklassige Volksschule mit 2 'gehobenen' Knabenklassen, 7 Lehrer, 3 Lehrerinnen. Privattöchterschule, 1 Lehrerin. Präparandenanstalt, Neubau mit Turnhalle, 3 Lehrer.
Die Stadt besitzt ein Elektrizitätswerk. Bankinstitut (Schleibank), städtische Spar- und Leihkasse und Spar- und Vorschußkasse. 4 Ärzte, 1 Tierarzt, Apotheke, Windmühle mit Dampfsägerei, Meierei, Käsefabrik, Korn- und Holzhandlung, Eisengießerei. Alle Art kaufmännischer Geschäfte und Gewerbe sind vertreten. 5 Hotels, 22 Gastwirtschaften. Alljährlich werden 2 Krammärkte und 1 Pferdemarkt abgehalten.
Sehr gut ist der Hafen. Die Wassertiefe ermöglicht den Verkehr von Schiffen bis 4 m Tiefgang. Im Jahresdurchschnitt verkehren 430 Schiffe, Segler und Dampfer. Eigene Schiffe hat die Stadt 3 Dampfer und 4 Segelschiffe.
Von Bedeutung ist die Fischerei in Ostsee und Schlei, die geräucherten Schleiheringe sind in weitesten Kreisen bekannt. Vor der Stadt ist ein Gezäun (Flechtwerk) gebaut, in welchen die Fische im Frühjahr in großen Mengen gefangen werden, sie werden zum größten Teil grün zum Versand nach Süddeutschland gebracht, der nachbleibende Teil wird in mehreren Räuchereien geräuchert und kommt als Kappelner Bücklinge in den Handel.
Die Stadt wird nach der kleinen Städteverordnung verwaltet, an der Spitze steht der jetzige Bürgermeister Schreck und neben ihm 3 Stadträte und 12 Stadtverordnete, ein Magistratskollegium besteht nicht. Das Vermögen der Stadt beträgt ca. 650.000,- Mark, Schulden 500.000,- Mark. Das Budget balanziert mit 113.700,- Mark."

(Quelle: "Topographie des Herzogtums Schleswig" von Henning Oldekop. Verlag Lipsius & Tischer. Kiel. 1906.)

Von 1789 bis 1793 wurde die Kappelner Kirche "auf Veranlassung des Patrons Hans A. von Rumohr im Stil des Spätbarocks" erbaut. 1533 war Kappeln in den Besitz der Herren von Rumohr auf Gut Roest gekommen. Bild: Der Turm der Kirche von 1792 mit der vierseitigen Kuppelhaube und schlanker Laterne. (Vgl. "Handbuch der Deutschen Kunstdenkmäler. Hamburg/Schleswig-Holstein". 1994.) Foto: 2011

Kellinghusen

KELLINGHUSEN 1824: "VERFERTIGUNG DES ORDINAIREN STEINGUTS"

"Kellinghusen, seit 1740 ein Flecken. Station für ordentliche und Extrapost. Entfernung von Itzehoe 2, Glückstadt 4 1/2 Meilen. Der Flecken hat ohngefähr 100 Häuser; es schließen sich aber gegen Osten das Dorf Vorbrügge und gegen Westen der Lehmberg und das Dorf Overndorf an denselben, so daß sie einen Ort von ohngefähr 200 Häusern ausmachen.
Der Betrieb der Einwohner besteht ausser dem Ackerbau, Holzhandel und den gewöhnlichen Handwerken besonders in der Verfertigung des ordinairen Steinguts, davon es hier einige privilegirte Fabriken gibt. Königl. Zollcontrolle. Apotheke. Windmühle mit einem Graupen- und Lohgange. Holz-, Vieh-, Pferde- und Krammarkt am Mittewochen und Donnerstag in der vollen Woche nach Maitag. Pferdemarkt auf Johannistag, ferner August 1 und Krammarkt August 8 (Cyriacusmarkt.)
(Quelle: "Topographie des Herzogthums Holstein, des Fürstenthums Lübeck, des Gebiets der freien Hansestädte Hamburg und Lübeck, und des Herzogthums Lauenburg" von Joh. Friedr. Aug. Dörfer, Diaconus der Fleckenskirche in Preetz. 4. Auflage. 1824.)

Joh. Friedr. Aug. Dörfer berichtete 1824 in seiner "Topographie der Herzogthümer Holstein": "Der Betrieb der Einwohner (in Kellinghusen) besteht besonders in der Verfertigung der ordinairen Steinguts." Bild: Auf dem Kellinghusener Töpfermarkt im Jahr 2005 – viel Steingut im Angebot, wie vor über 180 Jahren.

Kellinghusen 1908: Schiffahrt ist recht bedeutend

"Kellinghusen, Stadt im Kreis Steinburg, 14 km onö von Itzehoe. Die Stadt erhält ihr besonderes Gepräge durch die von Norden kommende und unmittelbar längs der Ost- und Südseite vorbeifließende Stör, welche im Bezirk der Stadtgemeinde zweimal überbrückt ist.

Die Schiffahrt, welche bis nach Kellinghusen geht, ist recht bedeutend. Die Stadt hat Lösch- und Ladeplatz an der rechten Störseite. Im Flusse sind Ebbe und Flut wahrnehmbar. Die Herstellung des städtischen Lösch- und Ladeplatzes (Bodenerwerb, massive Vorsetzen, Krähne usw.) hat derzeit 40.000,- Mark gekostet. Der Verkehr beträgt etwa 400 Schiffe das Jahr über, die Güter sind Korn, Mauersteine, Kohlen, Holz, Gerbstoffe, Zement; ein besonderes Gleis ist nach dem Platz gelegt.

Die Stadt hatte 1905: 4951 Einwohner. Kellinghusen wurde 1740 zum Flecken und 1877 zur Stadt erhoben. Das neue Rathaus wurde 1907 fertiggestellt. Dem Gemeinwesen dienen: Postamt II. Klasse, Bahnstation), Amtsgericht, Gasanstalt, städtisches Krankenhaus, städtische Badeanstalt, städtische Sparkasse, Armenarbeitsanstalt, Warteschule, Spar- und Leihkasse, Badeverein (Schwimmunterricht), Volksbibliothek, Verschönerungsverein, Höhere Schule mit 4 Klassen und 60 Schülern, Bürgerschule mit 9 Knaben- und 8 Mädchenklassen, Fortbildungsschule 3 Klassen, 104 Lehrlinge, 2 Diakonissinnen.*

Märkte: Im Mai Vieh-, Pferde- und Krammarkt, zu Johannis und August Pferde-,

Das in den Jahren 1906–1908 erbaute Rathaus von Kellinghusen. Die Architektur wird vor Ort wie folgt erklärt: "Die reich gegliederte Fassade verbindet Formen des Historismus mit zeitgenössischen Jugenstilelementen." Foto: 2001

Auf der Stör bei Kellinghusen. Foto: 1920er-Jahre

Herbst Vieh- und Pferdemarkt. Erwerbsverhältnisse: Die Stadt hat ansehnliche gewerbliche Unternehmungen: bedeutende Gerberei der Firma Westphal. Maschinenfabrik, Schlosserei, Tuchfabrik, Dampffärberei und Wäscherei, mehrere Holzbearbeitungsfabriken, Brauereien, Margarinefabrik, Meierei, verschiedene Mühlen, Zigarrenfabrik u.a.m. 1 Buchdruckerei, 3 Ärzte, 1 Tierarzt, Apotheke. Größere Geschäfte und Handwerker aller Gattungen. Gasthöfe und Wirtschaften zus. 30."

(Quelle: "Topographie des Herzogtums Holstein einschließlich Kreis Herzogtum Lauenburg, Fürstentum Lübeck, Enklaven (8) der freien und Hansestadt Lübeck, Enklaven (4) der freien und Hansestadt Hamburg" von Henning Oldekop. Verlag Lipsius & Tischer. Kiel. 1908.)

*) Für die Bahnlinie Wrist-Itzehoe mit den Stationen Wrist, Kellinghusen, Mühlenbarbek, Lockstedter Lager, Edendorf, Itzehoe

Alt-Kellinghusen romantisch. Foto: 2001

KIEL

Kiel ab 1444: Die Tore der Stadt

Zitat: "Die natürliche Sicherheit des Ortes wurde durch eine Ringmauer erhöht. Die bedeutendsten Straßen waren die Brückenstraße (Holstenstraße), welche ins Holstenland führte, und Dänischestraße, auf welcher man das Dänenland erreichte. Man legte daher Tore an, wo diese Hauptstraßen auf die Mauer stießen. Brücktor, später Holstentor genannt, und Dänisches Tor sind denn auch die beiden eigentlichen Tore Kiels gewesen. Das Brücktor hatte den größten Verkehr. Es war 1444 gebaut und hatte 3 Geschosse mit einstöckigem Nebenbau. Bis etwa 1670 hatte es jenseits der langen hölzernen Brücke, welche vor der jetzigen (d.i. um 1908) Holstenbrücke bis etwa halb zur Fleethörn reichte, ein Vortor. Die Zugbrücke und ein Wachthaus bildeten 1702 den Abschluß der Stadt, ganz geöffnet wird sie hier 1783 und 1784; 1791 ward die Holzbrücke mit einer steinernen vertauscht. Das Dänische oder Schleswiger Tor war auch ein Doppeltor, das innere wohl dem Brücktor ähnlich, das äußere lag jenseits eines 1536 vom Kleinen Kiel nach dem Hafen gezogenen Grabens; ein 1689 neu gebautes Tor, nicht genau an der alten Stelle, erhielt sich bis 1830, der Rest bis 1869. An den Ausgängen der anderen Straßen waren kleine Tore oder Mauerpforten, von denen einige Türme hatten; sie hießen Kütertor (1700 abgebrochen), Haßtor (1785), im Kloster das Klostertor, Papentor (1821), Schuhmachertor (1840), das vlämische Tor (1845), Fischer- und Kattentor, an welchem noch lange Zeit Spuren von der alten Stadtmauer aus großen Ziegeln sichtbar waren."

(Quelle des Zitats: Übernommen aus dem Bericht "Stadt Kiel" von Oberbürgermeister Dr. Fuß. Veröffentlicht in "Topographie des Herzogtums Holstein einschließlich Kreis Herzogtum Lauenburg, Fürstentum Lübeck, Enklaven (8) der freien und Hansestadt Lübeck, Enklaven (4) der freien und Hansestadt Hamburg" von Henning Oldekop. Verlag Lipsius & Tischer. Kiel. 1908.)

Reste der Kieler Stadtmauer.
Foto: vor 1925 von Prof. Richard Haupt

Im 15. Jahrhundert wurde die Befestigung der Stadt mit einer Ringmauer erneuert. Dazu gehörten auch neue Tore. Beispiel (Bild): Das Brückentor (Brücktor), später Holstentor genannt, von 1444. Dieses Tor hatte drei Geschosse und erhielt um 1560 ein Vortor. Es war das bedeutendste, verkehrsreichste der Stadt.
Zeichnung: vor 1925 von Prof. Richard Haupt

Kiel 1669: Der erste Botanische Garten

"In Kiel entstand der erste Botanische Garten 1669, vier Jahre nach Gründung der Universität, als ein 'hortus medicus'. Damals besaß die medizinische Fakultät gerade zwei Lehrstuhlinhaber; einer von ihnen war Johann Daniel Major. Er hatte 1660 seinen Doktorgrad in Padua erworben und dort offenbar die große Bedeutung eines Botanischen Gartens erkannt. Major, der in Kiel 'Theoretische Medizin und Botanik' vertrat, hat dann beim Schloß mit großem persönlichen Einsatz einen Botanischen Garten aufgebaut, nachdem Herzog Christian Albrecht dafür ein Viertel des damaligen Hofgartens zur Verfügung gestellt hatte. Etwa 500 Pflanzen wurden hier bis 1684 kultiviert."

(Quelle: "Der Botanische Garten der Christian-Albrechts-Universität Kiel". Herausgegeben vom Botanischen Institut und Botanischen Garten. 1. Auflage. Kiel. 1991.)

Angemerkt:

Textausschnitt einer Infotafel im heutigen Botanischen Garten (Stand 2018) :

"Johann Daniel Major (1634–1693) war ein Universalgelehrter, der bei seiner Gartenanlage nicht nur das damals übliche medizinische Interesse verfolgte, sondern von Anfang an auch Zierpflanzen und das Instruieren einer weiteren Öffentlichkeit im Blick hatte.

Hier bepflanzen wir eine Rekonstruktion des ersten Gartens, in der Größe von einem Viertel des Schloßgartens, auf die Fläche unseres Themengartens reduziert, aber mit der erkennbaren Grundanlage, der Beeteinfassung und -gestaltung von damals und auch den Pflanzenarten, die Major im Wechsel heranzog. Ein Teil des Gartens ist dem Gemüseanbau gewidmet, denn auch den mußte Major in den Botanischen Garten integrieren."

Der Botanische Garten mit dem Major-Garten ist bei freiem Eintritt ganzjährig geöffnet.

Bild oben und unten: Blick in den heutigen "Major-Garten" im Botanischen Garten.

Kiel 1780: Zum "Commerz äusserst günstige Lage"

"Nächst Altona hat Kiel den größten Handelsverkehr in Hollstein, und zum Commerz auch eine äußerst günstige Lage an einer Bay der Ostsee, mit einem vortrefflichen Hafen, so daß auch die größten Seeschiffe dicht an die Stadt kommen, und löschen können. Vermittelst des Canals), der etwa 1/2 Stunde von der Stadt anfängt, hat sie die bequemste Gelegenheit, auch nach der Nordsee zu handeln. Bey dem allen ist hier der Verkehr noch bey weitem so groß nicht, wie er seyn könnte, und man bey so vielen natürlichen Vortheilen und Begünstigungen erwarten sollte."*

(Quelle: "Reisejournal Niedersachsen". 3 Bände. Erschienen 1789 unter dem Pseudonym "Quintus Amelius Publicola". Das ist Johann Hermann Stoever. Nachdruck im Verlag D. u. K. Kötz. Hamburg. 1975. Unter Niedersachsen versteht Stoever nicht den historischen niedersächsischen Kreis des deutschen Reiches, sondern jene Teile des alten Sachsenraumes, die sich bis zum Meer hin erstreckten. Also auch Holstein.)

*) Canal = 1784 eröffnet, damals Schleswig-Holsteinischer Canal (Kanal) genannt, später Eider-Kanal. Von (Kiel-) Holtenau über Rendsburg bis Tönning. Ab Rendsburg bis Tönning wurde die vertiefte und in einigen Abschnitten begradigte Eider genutzt.

Ausfahrt des Eiderkanals bei Holtenau, etwa 1887/1890. Übrigens: Holtenau wurde erst 1922 nach Kiel eingemeindet. Bildnachweis: Sammlung Canal-Verein e.V.

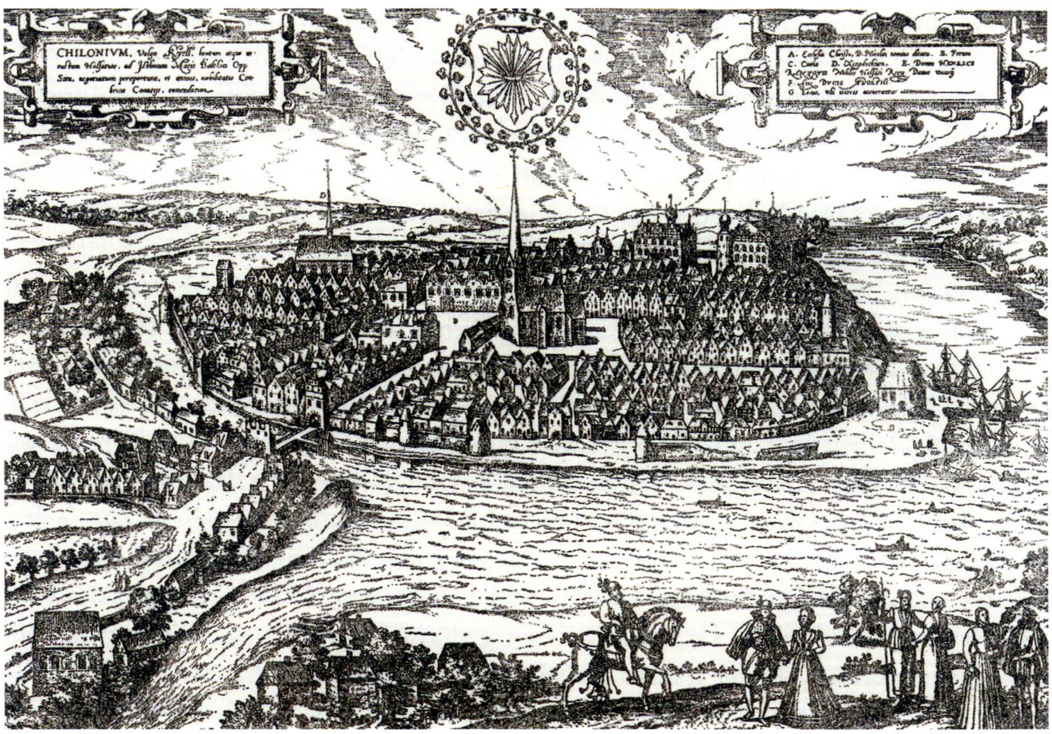

Kiel vor rund 430 Jahren. Abbildung nach einem Kupferstich in dem Städtebuch von Braun/Hogenberg 1588.

Kiel 1824: Rathaus mit Fleischerbuden

Zitat 1867: "Das Rathaus, am Markt, ein einfaches Gebäude ohne besonderen Schmuck, erbaut 1596. An der vordern Seite sieht man das Stadtwappen, ein offenes Boot ohne Segel in dem Holst. Nesselblatt. Es enthält im oberen Stock die Sitzungsräume des Magistrats, der Gerichte, die Stadtkasse usw. Im untern Stock zur ebenen Erde befinden sich die Fleischerbuden, der sog. Schrangen." Im Zweiten Weltkrieg zerstört. (Aus "Kiel und seine Umgebung" von M.W. Fack, 1867.)

"Kiel, Stadt an einem Busen der Ostsee, welcher einen bequemen Hafen bildet. Station für ordentliche und Extrapost.
800 Häuser. Volkszahl mit Einschluß der Universität und Garnison (1803) 1.394 Familien, 7.075 Personen. Die Straßen sind gerade, wohlgepflastert und größtentheils nicht enge; mehrere derselben führen auf den geräumigen Marktplatz. Seit 1742 Gassenerleuchtung; durch die Freigiebigkeit des Ober- und Landgerichtsadvokaten Schmidt seit 1821 sehr verbessert.Das Gewerbe der Einwohner besteht vornemlich in Speditions- und Transithandel, dem Handel mit Korn- und Fettwaren, der Frachtfuhr und Schiffsbauerei. Einige Hut- und Tobacksfabriken. Zweimal in der Woche kommt ein Intelligenzblatt heraus. Königl. Zollcontrolle. Der Stadtmagistrat besteht aus einem Bürgermeister, einem Syndicus und Stadtsecretair und 4 Rathsverwandten. Mitglieder des Stadtconsistoriums sind der Magistrat und die Prediger an der Nicolai- und Klosterkirche.
Zu den öffentlichen Gebäuden gehört das Schloß, auf welchem die Universitätsbibliothek (60.000 Bände) aufbewahrt wird. Das Rathhaus, ein altes Gebäude; unter demselben ist der Fleischschrangen. Das von Sonnin erbaute Universitätsgebäude enthält den grössern und kleinern Hörsal, das academische Consistorium und Archiv, das anatomische Theater und 2 Karcer. Das Comödienhaus, von seiner ehemaligen Bestimmung Ballhaus genannt, gehört einem Privatmanne, der es zur Umschlagszeit zu theatralischen Vorstellungen vermithet. Das Krankenhaus in der Vorstadt, wie das in der Stadt (Friedrichshospital) sind academische Anstalten. Das St. Jürgens-, Heiligengeists-, Armen- und Neugasthauskloster, 4 alte Stiftungen für arme Bürger und ihre Hinterlassenen, sind seit 1822 in ein Gebäude vereinigt, welches vor der Stadt liegt. Sie gewähren zusammen 50 Präbenden, die besten 32, die geringsten von 20 Schillinge wöchentlich. Das Muhliussische Waisenhaus für 12 Waisenknaben im Damperhofe auf dem kleinen Kuhberge; mit demselben ist seit 1780 das Schullehrerseminarium verbunden. Mit demselben ist auch die Schulbuchhandlung und Buchdruckerei verbunden.
Die Stadtschule, zugleich Gelehrten- und Bürgerschule, hat 6 Lehrer. Die 1665 gestiftete Christian-Albrechts-Universität steht seit 1799 unter einem Curator, und hat jetzt in jeder der 4 Facultäten 5 ordentliche, ausserdem überhaupt 6 ausserordentliche Professoren und mehrere Privatdo-

centen. Die Zahl der Studirenden belief sich Michaelis 1823 über 200. Zu den zur Academie gehörenden Anstalten gehört noch der botanische Garten. Entbindungsanstalt und Schule für Hebammen. Das hiesige Seebad ist 1822 eröffnet. Forstlehranstalt. Gärtner-Examinations-Commission.

In Kiel hat sonst noch seinen Sitz das königliche Schleswig-Holst. Sanitätscollegium, eine Quarantainecommission, ein Vaccinations-Institut, das Landesconsistorium der Probstei Kiel, die Witwen- und Waisenkasse, zu welcher der Lombard gehört, der Amtmann und Amtsverwalter des Amtes Kiel.

In Garnison liegt hier die dritte Eskadron des Leibregiments Dragoner, dessen Stab sich in Itzehoe befindet, und das Schleswig-Holst. Bataillon leichter Infanterie (Scharfschützen). Die Einwohner der Stadt sind Zwangsgäste der Kornmühle zu Neumühlen. Eine Malzmühle in der Stadt.Der Umschlag als der für die Herzogthümer Schleswig und Holstein übliche Termin der Ausstellung und Zahlung der Schuld- und Pfandverschreibungen, beginnt am 6ten Januar. Mit demselben ist ein Jahrmarkt verbunden, der sich am 2ten Februar endigt.

Die übrigen Märkte fallen auf die Montage nach Invocavit, Petri Pauli und Francisci.In der Stadt sind ausser der Schloßkirche, die den Theologie Studirenden zur Uebung im Predigen Gelegenheit gibt, 3 Kirchen. Die Hauptkirche St. Nicolai hat 3 Prediger. Die Kloster- oder Heiligengeistskirche hat einen Prediger. Die St. Jürgenskirche gehört zu den obengenannten vereinigten Armenstiftungen und wird von dem Prediger der Nicolaikirche versehen. An derselben ist ein Leichenhaus und der neue Begräbnisplatz."

(Quelle: "Topographie des Herzogthums Holstein, des Fürstenthums Lübeck, des Gebiets der freien Hansestädte Hamburg und Lübeck, und des Herzogthums Lauenburg" von Joh. Friedr. Aug. Dörfer, Diaconus der Fleckenskirche in Preetz. 4. Auflage. 1824.)

Der Turm der Nikolaikirche
in der Gestalt vor 1880.

Kiel 1856: Der Hafen

"Der Hafen der Stadt ist einer der sichersten und besten an der Ostsee; die in ihm liegenden Schiffe sind gegen alle Gefahr geschützt und können zum Theil an der Brücke, die mit vielen Kosten unterhalten wird, anlegen. Der Hafen hat eine Länge von etwa 2 Meilen und verschiedene Breiten von 1500 bis 6000 Ellen). Von Bülk nach Friedrichsort ist die geringste Tiefe 54 Fuß**); von Friedrichsort bis nach der Kieler Schiffbrücke 30 Fuß und von hier bis an das südlichste Bollwerk der Stadt etwa 15 Fuß.*

*Die Stadt hatte 1854: 30 Schiffe zu 1106 Commerzlast***) und viele kleinere Fahrzeuge. Im Jahr 1855 clarirten an der Schiffbrücke 3462 Schiffe mit 42425 Commerzlast ein. Von Kiel fahren regelmäßig 5 Dampfschiffe nach Kopenhagen, Apenrade, Fehmarn, Hardesleben und Christianó. Anhaltspunkte sind: Falshöved, Sonderburg, Hardeshoi, Hohwacht, Heiligenhafen, Unsvig, Gaabense, Kallehave, Koster, Nyburg, Frederikshavn, Ballö, Most, Horten und Dröbak.*

Die im Jahr 1855 an der hiesigen Schiffbrücke eingeführten Hauptprodukte sind: Roggen, Gerste, Weizen, Hafer, Erbsen, Buchweizen, Rapp- und Leinsaat, Graupen, Grütze und Mehl, Wicken, Kartoffeln, Kleesaat, Oel aller Art, Steinkohlen, Salz (fabricirt), Steinsalz."

(Quelle: "Topographie der Herzogthümer Holstein und Lauenburg, des Fürstenthums Lübeck und des Gebiets der freien und Hanse-Städte Hamburg und Lübeck" von Johannes von Schröder und Hermann Biernatzki. 2. Auflage, 1. und 2. Band. 1855/1856.)

*) 1 Elle = 57,6 cm

**) 1 Fuß = 28,8 cm. Zum Teil in Regionen geringfügige Abweichungen

***) 1 Commerzlast: Nach Flensburger Maß im 19. Jahrhundert 2600 kg. In Hamburg 2944 kg.

Am Kieler Hafen vor 1914. Am Kai sowohl Dampfer als auch Segelschiffe. Auf der Straße Warentransport ausschließlich noch durch Pferdefuhrwerke. Zwischen Kai und Straße Eisenbahngleise, Weg und Güterschuppen. Übernommen aus der Jubiläumsschrift "1858–1958. Mit Segel, Dampf und Diesel. Aus der hundertjährigen Geschichte der Firma Sartori & Berger, Kiel. Reederei und Schiffsmaklerei".

Werbeanzeige der Firma Satori & Berger in Kiel, vor 1914.

Kiel 1867: Der Kleine Kiel ist verschlammt

"Die ganze Stadt hat mit Einschluß der unmittelbar mit ihr verbundenen aber in Hinsicht der Communalverwaltung von ihr getrennten Brunswiek über 20.000 Einwohner. Innerhalb der Stadt liegt ein größeres sehr verschlammtes Wasserbecken, der sog. kl. Kiel, der durch einen Canal mit dem Hafen in Verbindung steht. Dieser kl. Kiel mit seinem Ausfluß trennt die von Norden nach Süden langgestreckte Stadt in zwei Hälften, in die nördlich von diesem Ausfluß gelegene Altstadt und die südlich davon gelegene Vorstadt mit den ihr anliegenden Theilen: Sophienblatt, Kuhberg und am kl. Kiel.

Zur Verbindung der Altstadt mit der Vor-

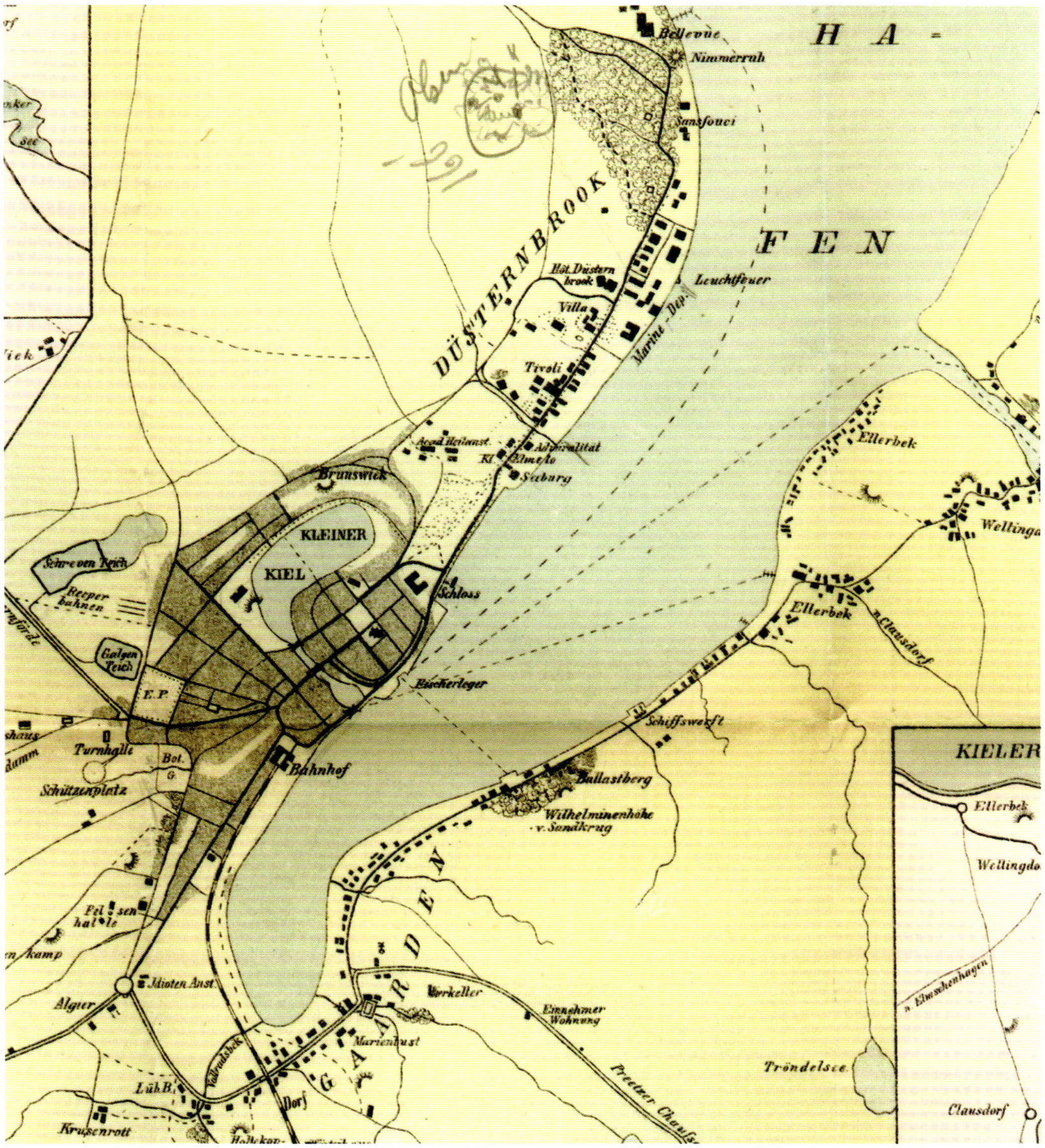

Stadtplan von Kiel um 1867.

Am Walkerdamm mit Blickrichtung in den Bäkkergang. Foto: Vergrößerter Postkartenausschnitt, um 1900.

stadt führen 3 Brücken über den Ausfluß des kl. Kiels. Die dem Hafen zunächst liegende ist die Drehbrücke, über die die Pferdebahn führt; die mittlere ist die Holstenbrücke; die dem kl. Kiel zunächst liegende Kehdenbrücke. Zwei andere Gewässer liegen gegen Westen eben außerhalb der Stadt, der Galgenteich und der Schreventeich. Der letztere, bedeutend größere, ist etwa halb ausgegraben, und dient als Revervoir zur Wasserversorgung für die Stadt.

An freien Plätzen innerhalb der Stadt sind zu nennen: Der Marktplatz in der Mitte der Altstadt, an mehreren Tagen und namentlich des Sonnabends der Verkaufsplatz von Victualien, die in Körben in die Stadt gebracht werden; der freie Platz am kl. Kiel, wo diejenigen Sachen zum Verkauf gestellt werden, die auf Wagen in die Stadt kommen; der Exercierplatz für die Uebungen des Militairs.

Die Straßen sind fast überall mit Kopfsteinen gepflastert und die anliegenden Trottoirs mit behauenen granitischen Kantsteinen eingefaßt. Beim Begegnen auf dem Trottoir besteht die Vorschrift, daß jeder, der den Rinnstein (Gosse) zu Linken hat, dem ihm Begegnenden ausweichen muß.

Die Börse, an der Brücke zu Anfang der Holstenstraße, am Sonnabend und andern Markttagen der Sammelplatz des commerzirenden Publikums, namentlich von Landleuten stark besucht.

Das Telegraphenbureau (Station mit Tag- und Nachtdienst) ist auf dem Sophienblatt Nr. 9 eben hinter dem Bahnhofsgebäude.

Droschken findet man zu Anfang der Dänischenstraße auf dem sogenannten Klosterkirchhof, am Wall neben der Börse und vor dem Bahnhof. Die Beförderung auf dem Hafen geschieht mittelst (Segel-) Böte und kleiner Dampfschiffe.

Die Hostenstraße ist nun die Hauptstraße, die Straße der größten Kaufläden, des Handels und des Verkehrs. Da findet man in den Erdgeschossen Laden an Laden mit prächtigen Schaufenstern, wie man sie nur in den großen Handelsstädten findet.

Die Straße am Hafen vom Bahnhof bis zur Drehbrücke ist der Eisenbahndamm. Hier liegen mehrfache Gleise entlang, auf denen mittelst Pferdekraft die gelöschten Waaren sogleich auf den Bahnhof gebracht werden."

(Quelle: "Kiel und seine Umgebung. Ein Führer durch die Stadt und nächste Umgebung" von M.W. Fack. G. v. Maack's Verlag. Kiel. 1867.)

Kiel 1908: 18 Kurznachrichten

"Kiel, die bedeutendste Stadt Schleswig-Holsteins. Regelmäßiger Postdampfschiffsverkehr nach Korsör, Kopenhagen, Gothenburg und anderen Ostseehäfen. Küterstraße, d.i. Wurstmacher- oder Schlachterstraße. Ziegelteich (...) war durch Ausgraben des Lehms für die Ziegelei, welche der Nikolaikirche gehörte, entstanden.
1887 wird Schlachtzwang eingeführt und der Schlachthof errichtet. Ende August 1908: 180.878 Einwohner. Nach Schönberg in der Probstei führt seit 6. Juli 1897 normalspurige Kleinbahn. 1899: Am 3. Mai Einweihung des neuen Bahnhofs. 1899: Die Universität erlebt im Sommersemester die Immatrikulation des tausendsten Studenten mit wohlgelungenem Jubelfest in der "Waldwiese" am 26. Mai. 1902: Die Holstenbrücke wird vollständig beseitigt, die Verbindung mit dem Kleinen Kiel, zwecks Durchspülung des Wasserbassins, ist durch einen Tunnel hergestellt.
Kiel war wohl die erste Stadt, welche systematisch größere Gelände zu Pachtgärten ausgelegt hat. 1830 wurden zunächst 2 1/2 ha zunächst für die arme Bevölkerung zu Gärten eingerichtet. Zur Zeit (1908) sind 3569 Gärten mit 175 ha Fläche vorhanden. In der Wiker Bucht wird mit beträchtlichen Mitteln ein Freibad unterhalten, für Männer, Frauen und Kinder. Die Stadt besitzt ein Reinvermögen von 34 Mill. Mark und erfreut sich mithin einer günstigen Finanzlage.
Der Kreuzgang des alten Klosters am Klosterkirchhof ist neuerdings renoviert. Im Jahre 1907 wurde das imposante Theater eingeweiht. Daneben ist zu nennen das Kleine Theater in der Holtenauerstraße, die Variététheater Reichshallen und Kaiserkrone.

Die Brunswiker Straße, um 1906 (Postkarte).

Anzeige im Messekatalog zur "Nordischen Messe in Kiel 15.–18. September 1921". Das "Variététheater Reichshallen" (am Bootshafen gelegen) hatte Oberbürgermeister Dr. Fuß bereits 1907 in seinem Bericht "Stadt Kiel" genannt. 1925 wurde es zu einem Filmkino umgewandelt, im Zweiten Weltkrieg jedoch zerstört.

Die Kaiserliche Werft liegt auf der andern Seite der Förde im Stadtteil Gaarden und Ellerbek. Hier sind 600 Offiziere und Beamte und 7000 Arbeiter beschäftigt.
Von anderen Privatwerften sind zu nennen: Howaldtswerke in Neumühlen-Dietrichsdorf; Schiffswerft von Stocks & Kolbe in Wellingdorf; Boot- und Jachtwerft von Waap in Alt-Heikendorf.
Das Areal der Stadt betrug 1906: 2334 ha; hat sich inzwischen durch Ankauf von Viehburg u.a.m. etwas vergrößert. Bebautes Areal, Hofräume und Hausgärten: 530 ha; Wege, Straßen, Eisenbahnen: 235 ha; Wasserfläche 21 ha; die übrige, auch land- und forstwirtschaftlich benutzte Fläche beträgt 1548 ha."

(Quelle: Auszüge übernommen aus dem umfangreichen Bericht "Stadt Kiel" von Oberbürgermeister Dr. Fuß. Veröffentlicht in"Topographie des Herzogtums Holstein einschließlich Kreis Herzogtum Lauenburg, Fürstentum Lübeck, Enklaven (8) der freien und Hansestadt Lübeck, Enklaven (4) der freien und Hansestadt Hamburg" von Henning Oldekop. Verlag Lipsius & Tischer. Kiel. 1908.)

Die Holstenstraße (Blickrichtung zum Markt) mit der Holstenbrücke. Diese wurde 1902 vollständig beseitigt. Foto: Vergrößerter Postkartenausschnitt, vor 1902.

KREMPE

Krempe 1855: Nicht vermögende Landstadt

Der achteckige, schindelgedeckte Dachreiterturm mit geschwungener Haube und schmaler Spitze auf dem First des Rathauses in Krempe, datiert auf das Jahr 1608.

"Crempe, Stadt in der Crempermarsch, an der Cremper-Au, die kleinste Stadt in Holstein. Sie wird in 4 Quartiere eingetheilt und die Zahl der Häuser ist 212. Die Häuser sind im Ganzen nur klein. Das Rathaus liegt am Marktplatze und ward im Jahre 1570 erbaut. Hier ist eine Bürgerschule, die aus einer Knaben- und einer Mädchenclasse besteht und an welcher ein Rector und ein Rechnenmeister angstellt sind; außerdem ist hier eine Elementarschule, eine Aufsichtsschule mit einer Lehrerin, eine Privatschule und für den höheren Unterricht ein Privat-Lehrinstitut.

Volkszahl: 1252. Crempe ist eine nicht vermögende Landstadt, der es an größeren Hülfsquellen zum Emporkommen fehlt; die Nähe Glückstadts und Itzehoes hat fast allen Handel der Stadt und die bürgerliche Nahrung an sich gezogen. Die Haupterwerbszweige der Einwohner sind bürgerliche Gewerbe, der wenige Handel, die Flußschiffahrt, welche gegenwärtig von 13 Schiffern betrieben wird, und das Wirthshaushalten. In der Stadt sind 5 Tabacksfabriken, 5 Schnellwebereien, 1 Leimfabrik, 1 Lichtfabrik, 1 Baumwollfärberei, 1 Nagelfabrik, 2 Holzsägereien, 5 Manufacturhandlungen, 7 Gewürzhandlungen, 2 Weinhandlungen, 1 Branntеweindestillation, 11 Bäcker, 9 Schlachter, 9 Schmiede, 1 Büchsenmacher, 1 Goldschmied, 2 Schlosser und Handwerker fast aller Art. Gasthäuser sind hier 4. In Crempe ist eine Apotheke, und hier wohnen der Landschreiber der Cremper-Marsch, 2 Kirchspielvögte und 2 Aerzte. Hier ist eine Zollcontrolle und eine Postexpedition; auch ist hier eine Spar- und Leihcasse gegründet.

Der Magistrat besteht aus einem Bürgermeister, welcher zugleich Stadtsecretair ist und aus 2 Rathsverwandten; das Deputirten-Collegium zählt 9 Mitglieder.

Crempe hält 4 Märkte: die beiden Krammärkte am Mittwoch und an den beiden folgenden Tagen vor Lätare, und am Mittwoch und an den beiden folgenden Tagen in der vierten Woche nach Michaelis; die beiden Vieh- und Pferdemärkte den 6. Januar und den 27. Juli. Bei der Stadt liegt die Königl. Windmühle Wallmühle."

(Quelle: "Topographie der Herzogthümer Holstein und Lauenburg, des Fürstenthums Lübeck und des Gebiets der freien und Hanse-Städte Hamburg und Lübeck" von Johannes von Schröder und Hermann Biernatzki. 2. Auflage, 1. und 2. Band. 1855/1856.)

Fassadendetail des Renaissance-Rathauses von 1570. Foto: 2001

Krempe 1908: Die Strassen sind stets sauber

"Krempe, Stadt im Kreis Steinburg in der Krempermarsch an der Kremperau, 10 km s. von Itzehoe, Bahnstation der Linie Elmshorn-Heide, Postamt, Telegraph, Amtsgericht. Krempe von heute (d. i. 1908). Die drei Hauptstraßen, Breite-, Hinter- und Süderstraße, gehen in der Richtung Westen nach Osten, Nebenstraßen sind Neuenbrooken-, Höker-, Wester- und Stiftstraße, größtenteils alle kanalisiert; sie haben sehr gutes Pflaster und sind stets sauber. Auf dem Marktplatz steht das Rathaus.

6klassige Volksschule, 323 Kinder, 6 Lehrkräfte. Fortbildungsschule, 36 Schüler, 3 Lehrer. Gewerbliches. In der Stadt sind: 1 Dampflohgerberei, 130 Arbeiter; Schuhwarenfabrik, Dampfhäckselschneiderei, Bürstenfabrik, Korndampfmühle, Dampfmolkerei, 8 Schlachtereien, 8 Maurer- und 2 Zimmererbetriebe, 8 Tischlereien. 1 Buchdruckerei, 2 Ärzte, 2 Tierärzte, 1 Apotheke, 18 Manufaktur-, Kolonial- und Kurzwarengeschäfte, alle Handwerker vertreten. 20 Gasthöfe und Wirtschaften. 2 Krammärkte, am 1. Sonntag und folgenden Montag nach Ostern und am 2. Sonntag und Montag im Oktober. Die der Stadt gehörenden Gebäude sind Rathaus, Post-Dienstgebäude, Gefängnis, Spritzenhaus, Armenhaus, Gasanstalt (1904 in Betrieb gesetzt), Wasserturm auf dem Mühlenberg (1902 in Betrieb gegeben) mit Wohnung.

Das Stadtgebiet umfaßt ein Areal von fast 330 ha. 65 Pferde, 71 Rinder, 67 Schafe."

(Quelle: "Topographie des Herzogtums Holstein einschließlich Kreis Herzogtum Lauenburg, Fürstentum Lübeck, Enklaven (8) der freien und Hansestadt Lübeck, Enklaven (4) der freien und Hansestadt Hamburg" von Henning Oldekop. Verlag Lipsius & Tischer. Kiel. 1908.)

Häuser in der Hökerstraße. Foto um 1925

Straßenpartie in Krempe um 1925. Im Hintergrund die Rückseite des Rathauses.

Lauenburg a.d. Elbe

Lauenburg 1824: Jährlich 34.500 Reichstaler Elbzoll

"Lauenburg, Stadt an einer Anhöhe an der Elbe und Stecknitz, auf welcher letztern die Waaren nach Lübeck geschifft werden. 469 Häuser, 3280 Einwohner. Die Oberbrücker-, Hohlweger- und Unterberger-Commünen (207 Feuerstellen, 1.450 Einwohner) sind Vorstädte, gehören aber zum Amt Lauenburg.
Schiffarth, Speditionshandel. Der Elbzoll soll jährlich 34.500 Reichsthaler eintragen. Der Kaufhof ist ein Packhaus zur Aufbewahrung von Kaufmannsgütern, welches bisher Stapelgerechtigkeit genossen hat. Postspedition. Zuckersiederei.
Der Stadtmagistrat, der gewählt und von der Regierung bestätigt wird, besteht aus 2 Bürgermeistern und 4 Rathsverwandten, von denen einer zugleich Camerarius) ist. Der Gerichtsschulze führt als Beamter der Landesherrschaft das Präsidium.*
An der Stadtschule sind 2 Lehrer, der Rector, zugleich Organist, und der Cantor. Die Mädchenschule hat einen Lehrer.
An der Stadtskirche, deren Patron der Magistrat ist, sind 2 Prediger, Pastor und Diaconus. Das Annen-Armenhaus nimmt 6 Dürftige auf. Buchdruckerei. Windmühle."

(Quelle: "Topographie des Herzogthums Holstein, des Fürstenthums Lübeck, des Gebiets der freien Hansestädte Hamburg und Lübeck, und des Herzogthums Lauenburg" von Joh. Friedr. Aug. Dörfer, Diaconus der Fleckenskirche in Preetz. 4. Auflage. 1824.)

*) Camerarius = hier in der Bedeutung von städtischer Finanzbeamter/Rechnungsführer/Buchhalter

Motiv in der Lauenburger Altstadt. Foto: 2001

Anne und Hinrich Rodtman ließen sich 1647 ihr Haus in der Elbstraße Nr. 35 bauen. In ausdrucksvollem Fachwerk, zweigeschossig, vorkragend. Die Giebelfront zur Straße üppig geschmückt mit reichgeschnitzten Knaggen, mit Engeln und Knorpelwerk und Schnitzornamenten in den Balken. Sowie mit ihren Namen samt Baujahr im Schwellbalken quer über die Giebelfront. Foto: 2001

Lauenburg 1905: Mit Ortsfernsprechnetz

Engelfigur am Haus der Rodtmanns aus dem Jahr 1647 in der Elbstraße Nr. 35. Foto: 2001

"Lauenburg an der Elbe, Stadt, an der Mündung der Delvenau (des Elbe-Trave-Kanals) in die Elbe; Landgericht Altona; 5346 Einwohner, davon 108 Katholiken. Postanstalt, Telegraphenanstalt, Ortsfernsprechnetz, Eisenbahnstation (Linie Büchen–Lüneburg der Preuß. Staatsbahn), Dampfschiffstation, Darlehnskassenverein, Amt, Amtsgericht, Hauptsteueramt, evangelische Pfarrkirche, Elbbrücke; Zündhölzer-, Faß-, Maschinenfabrik, Bierbrauerei, Kalk- und Ziegelbrennerei, Dampfsägemühle, Molkerei, Sägewerke, Schiffswerft, Schiffahrt."

(Quelle: "Neumanns Orts- und Verkehrs-Lexikon des Deutschen Reichs". 4. Auflage, erster Teil. Verlag des Bibliographischen Instituts. 1905.)

Morgenstimmung in der Elbstraße in Lauenburgs historischer Altstadt, die seit 2001 unter Denkmalschutz steht. Foto: 1999

Lübeck

Lübeck um 1785: Handel, Gewerbe, Schiffahrt

"Die Zölle von allen hier durchgehenden ud spedirten Waaren sind ungemein hoch, und werden im Durchschlage auf 1 1/2 Procent gerechnet. Ihr ganzer jährlicher Ertrag bringt so viel ein, daß die meisten Stadtausgaben davon bestritten werden. Die Abgaben und Contributionen der hiesigen Einwohner sind daher so geringe, wie vielleicht in keiner Handelsstadt, und in keiner Republik.

Wein und Getraide sind die Hauptartikel des directen Handels der Lübecker. Sie versehen einen großen Theil des Nordens, das benachbarte Mecklenburgische und Hollsteinische mit Weinen aller Art, mit feinen fremden Früchten u. s. w. Die Hauptausfuhr von Getraide geht nach Spanien und Portugall. Die hiesigen Tabackfabriken, die sehr ansehnlich sind, schicken eine Menge von allen Arten von Taback in die Ostseehäfen, und haben auch in der Nachbarschaft einen starken Absatz. Auch machen die hiesigen Zuckersiedereyen, deren man etwa siebzehn zählt, starke Geschäfte. Die Anzahl aller hiesigen Handlungshäuser gibt man auf dreyhundert und einige funfzig an. Die stärkste Handlung und Schifffahrt geht nach den Häfen und Ländern an der Ostsee, dann nach Schweden, Dänemark und Frankreich. Nach England werden sehr wenig Geschäfte gemacht, und der Verkehr mit Portugall und Spanien ist auch von nicht sehr großer Bedeutung."

(Quelle: "Reisejournal Niedersachsen". 3 Bände. Erschienen 1789 unter dem Pseudonym "Quintus Amelius Publicola". Das ist Johann Hermann Stoever. Nachdruck im Verlag D. u. K. Kötz. Hamburg. 1975. Unter Niedersachsen versteht Stoever nicht den historischen niedersächsischen Kreis des deutschen Reiches, sondern jene Teile des alten Sachsenraumes, die sich bis zum Meer hin erstreckten. Also auch Lübeck.)

Angemerkt: Johann Hermann Stoever, geboren am 12. Januar 1764 in Verden a.d. Aller, gestorben am 26. Februar 1796, wurde nur 32 Jahre alt. In seinem "Reisejournal Niedersachsen" schrieb er: "Seit acht Tagen bin ich hier in Lübeck..." Wann genau sein Besuch in der Hansestadt stattfand, hat er nicht vermerkt. Vermutlich in den 1780er-Jahren, jedenfalls vor 1789.

Merkur, der altrömische Gott des Handels, auf der Puppenbrücke. Mit der linken Hand abgestützt auf einen Warenballen, in der rechten Hand einen Geldbeutel. Ein passendes Symbol für die traditionsreiche Kaufmannsstadt Lübeck. Johann Hermann Stoever notierte um 1785 für Lübeck: "Die Anzahl aller hiesigen Handelshäuser giebt man auf dreyhundert und einige funfzig an."

Den Merkur auf der Puppenbrücke hat zwischen 1774 und 1776 Dietrich Jürgen Boy geschaffen. Auf der Brücke steht heute eine Kopie, das Original im St. Annen-Museum.
Foto: 2009

Lübeck vor 1865: Graf Baudissin beschreibt das Heilig-Geist-Hospital

"Nachdem ich mich an den Kunstschätzen des Doms und der Marienkirche satt gesehen, ging ich in die heilige Geist-Kirche, die aber eigentlich keine Kirche, sondern ein Hospital für alte Männer und Weiber ist, und dessen Einrichtung mich lebhaft an die Harzer Vogelbauer erinnert. Es befinden sich nämlich eine große Zahl silbergrau angestrichener, aus Brettern zusammengeschlagener, zehn Fuß) langer, zehn Fuß breiter und acht Fuß hoher Wohnungen in dem weitläufigen Gebäude, die wie Markt- oder Menageriebuden neben einander stehen. Jede Wohnung, d.h. jeder Raum von achthundert Kubikfuß hat vorn eine Thür, in welcher ein kleines viereckiges Fenster angebracht ist, das mit einem anderen von oben herabfallenden Lichte korrespondiert. In jedem Käfig stehen ein Bett, ein Stuhl und ein Tisch; der Name des zeitweiligen Bewohners ist an die Thür geschrieben, und man sieht auf den ersten Blick den armen Teufeln an, daß man mehr 'als ein Bettchen, ein Stühlchen, ein Tischchen braucht, um glücklich zu sein.' Trotzdem, daß nur alte und gebrechliche Leute in diesem Hospital Aufnahme finden, sind die Geschlechter streng geschieden, und die Frauen leben in einem eigenen Viertel, wo sie eben so sorgfältig bewacht werden, wie die Tscherkesserinnen des türkischen Sultans. Ich halte diese Vorsicht für überflüssig!*

Da es aber in besagten Menageriebuden im Winter vor Kälte nicht auszuhalten sein würde, hat man einen großen Männer- und einen dito Frauensaal eingerichtet, der geheizt und als Gesellschaftszimmer benützt wird. In der Küche fand ich die größte Reinlichkeit und eine unglaubliche Masse von Rindfleisch, das am nächsten Tage mit Erbsen verspeist werden sollte."

(Quelle: "Schleswig-Holstein. Meerumschlungen" von Graf Adelbert Baudissin. 1865.)

*) 1 Fuß = 28,8 cm (nach verschiedenen Regionen und Zeiten z.T. geringfügig abweichend)

Die Ostseite des Stadtplatzes Koberg wird bestimmt durch die Straßenfront des Heilig-Geist-Hospitals mit den fünf Türmen und drei Giebeln. Vollendet 1286. Ein imposantes Bauwerk, Zeugnis der Wohlhabenheit Lübecker Bürger im Hochmittelalter, gepaart mit Bürgersinn und sozialer Verantwortung. Foto: 2006

Lübeck vor 1865: Sich hier niederlassen

"Trotz Spießbürgern, Senatoren und Ratsherren ist Lübeck eine Stadt, in der ich mich sehr wohl niederlassen könnte. Es hat Alles einen antediluvianischen, gemühthlichen Anstrich, und ein Spaziergang durch die Straßen ist im Grunde genommen nichts Anderes, als ein mit gymnastischen Bewegungen verbundenes Studium der Geschichte, oder ein mit Regenschirm und Gummischuhen verknüpftes Blättern in einem alten Bilderbuche."

(Quelle: "Schleswig-Holstein. Meerumschlungen" von Graf Adelbert Baudissin. 1865.)

Ein sogenannter Halbturm aus dem 13. Jahrhundert in einem Restabschnitt der einstigen Lübecker Stadtmauer. Das Wohnhaus (heutige Straße: An der Mauer Nr. 47) wurde im 17. Jahrhundert zum Teil in den Turm hineingebaut. Auch Graf Baudissin wird in der Zeit vor 1865 auf seinen Spaziergängen zum "Studium der Geschichte" diesen Halbturm aus Uralt-Lübeck besichtigt haben. Foto: 2009

St. Marien, dreischiffige Backsteinbasilika in der Mitte der Stadt. Baubeginn um 1200, noch romanisch. Ab 1251 Umbau zur hochgotischen Kathedrale. Detail: das Dachreitertürmchen.

Das Lübecker Rathaus, mit seinen Bauten und Bauteilen aus Jahrhunderten, ist ein großartiges architektonisches und geschichtsträchtiges Erlebnis. Insgesamt und im Detail, drinnen und draußen. Bild: An der Frontseite zur Breiten Straße der Renaissance-Erker von 1586. Foto: 2006

Lübeck 1921: Noch zahlreiche "Gangwohnungen"

"Die Stadt war im Mittelalter eingeengt durch die Befestigungsmauern, die eine Entwicklung des Stadtkerns nach außen nicht zuließen. So mußte ein Weg gefunden werden, um die dringendsten Wohnungsbedürfnisse zu befriedigen. Eine Lösung wurde gefunden in der Ausnutzung der Baublocktiefen. Ein Zugang, der durch das Vorderhaus führt, erweitert sich nach der Hofseite und gibt Platz für die Anordnung von eingeschossigen Reihenhäusern, den sogenannten Gangwohnungen, wie sie jetzt (d.i. 1921) noch sehr zahlreich anzutreffen sind. Es sind Wohnungen, die hygienisch nicht immer einwandfrei sind, aber trotz der scheinbaren Enge doch reichlich Licht und Sonne haben und in ihrer Farbenfreudigkeit einen wohnlichen und traulichen Eindruck machen."

(Quelle: Auszüge aus dem Beitrag "Lübecker Wohnbau in alter und neuer Zeit" von F.W. Virck. Veröffentlicht in der "Festschrift zur Nordischen Woche. Lübeck 1.-11. September 1921.")

Der Hof Rosengang Nr. 8. Laut Infotafel am schmalen Eingang (gelesen: 2006) existiert der Hof seit mindestens 1387. Damals standen hier "13 Gangbuden". Foto: 2006

Lübeck 1921: Die "Nordische Woche" 1921

Die "Nordische Woche Lübeck" fand statt vom 1. bis 11. September 1921. Also nur drei Jahre nach Ende des Ersten Weltkrieges. Und kurz vor der "heraufziehenden" schlimmsten aller Inflationen 1922/23.
Diese "Nordische Woche" in Lübeck war ein kulturelles, gesellschaftliches, wirtschaftliches und auch internationales Großereignis. Mit der "Musterschau von Lübecks Industrie und Handwerk" als Kernstück.
Die meisten der beteiligten Unternehmen präsentierten sich zusätzlich mit einer Anzeige im Messekatalog, der der Festschrift "Nordische Woche Lübeck" angefügt war. Nachfolgend eine kleine Auswahl von diesen Firmenanzeigen im Original, zum Teil vergrößert.

Charlotte Erasmi,
Fabrik haltbarer Speisen.
Gegründet 1866.
Johannisstraße 34/38. Lübeck. Fernsprecher 245.
Gemüse- und Fruchtkonserven,
Fleischkonserven, Pasteten, Pains usw.
Eigene Gemüsekulturen und Spargelplantagen.
Eigene Champignonzüchterei.

Lübeck war 1921 ein Zentrum bedeutender Fabriken zur Herstellung von Gemüse-, Frucht- und Fleischkonserven. Zum Teil mit eigenen Gemüseplantagen. Und mit "Export nach allen Weltteilen". Neben den hier vorgestellten Unternehmen gab es weitere gleichartige Firmen.

Fabrikmarke.

G. C. Hahn & Co.,
Lübeck.
Gegründet 1848.
Zweiggeschäft in Braunschweig seit 1879.
Konservenfabrik.
Gemüse-, Frucht- und Fleischkonserven.
Export nach allen Weltteilen.

Lübeck 1921: Die "Nordische Woche" 1921

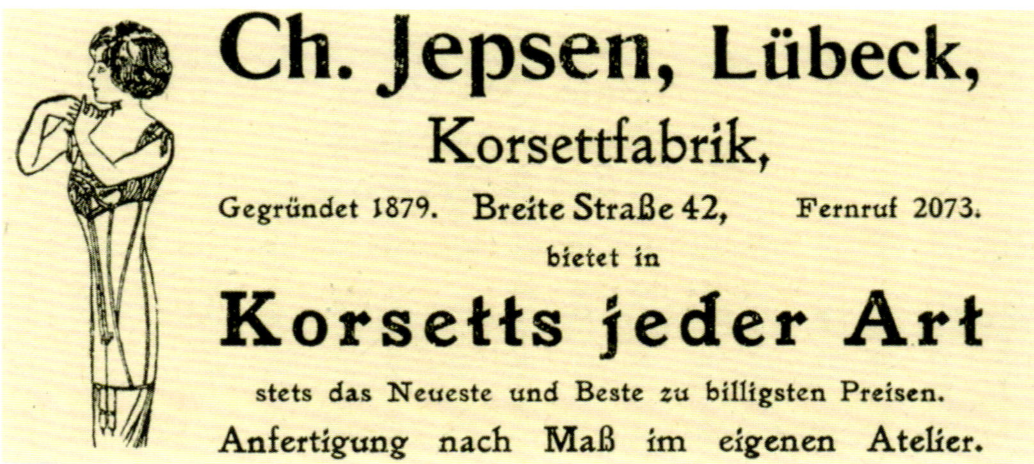

"Bekleidungstechnisch" hatten es die Frauen vor 100 Jahren nicht leicht. Sie trugen – drunter – Korsett. Die feineren Damen der Lübecker Gesellschaft ließen sich ihr Figur formendes Korsett nach Maß anfertigen.
Bei Chr. Jepsen.

Lübeck 1921: Die "Nordische Woche" 1921

BANKKONTO: LÜBECKER PRIVATBANK, DEPOSITENKASSE SCHLUTUP
POSTSCHECKKONTO: HAMBURG NR. 8800.
TELEGRAMM-ADRESSE: NIEMANN, SCHLUTUP.
FERNSPRECH-ANSCHLUSS: AMT SCHLUTUP NR. 2 UND 37.

SEEFISCHRÄUCHEREI.
FISCHKONSERVENFABRIK.

VERSAND FRISCHER GRÜNER HERINGE.

LEISTUNGSFÄHIGKEIT BEI VOLLER AUSNUTZUNG DER ANLAGEN: **TÄGLICH CA. 700 ZENTNER FERTIGE FISCHE.** LIEFERUNG DER BEKANNTEN **LUBECA-BRATHERINGE.**

AUSSERDEM TÄGLICH IN ALLERFEINSTER WARE ABSENDBAR: FETTBÜCKLINGE • SPROTTEN • LACHSHERINGE • GERÄUCHERTE SCHELLFISCHE • GERÄUCHERTER SEELACHS • ROLLMOPS BISMARCKHERINGE • SARDINEN • SAURE HERINGE USW. GELEEHERINGE • SCHELLFISCHE IN GELEE • KABLIAU IN GELEE USW.

I. FISCHEREI-AUSSTELLUNG,
LÜBECK 1921,
STAATSMEDAILLE FÜR HERVORRAGENDE LEISTUNGEN.

74

Im Januar 1921 hatte die 1870 gegründete Firma Niemann (Seefischräucherei, Marinieranstalt, Heringsbraterei, Fischhandlung en gros) auf der "1. Fischerei-Ausstellung Lübeck 1921" die "Staatsmedaille für hervorragende Leistungen" erhalten. Auch die "bekannten" "Lubeca-Bratheringe" werden preiswürdig gewesen sein.

Lübeck 1921: Die "Nordische Woche" 1921

Die älteste Dosenlachspackerei Deutschlands erhielt 1902 auf der Fischerei-Ausstellung in Wien den "Ersten Staatspreis".

Lübeck 1921: Die "Nordische Woche" 1921

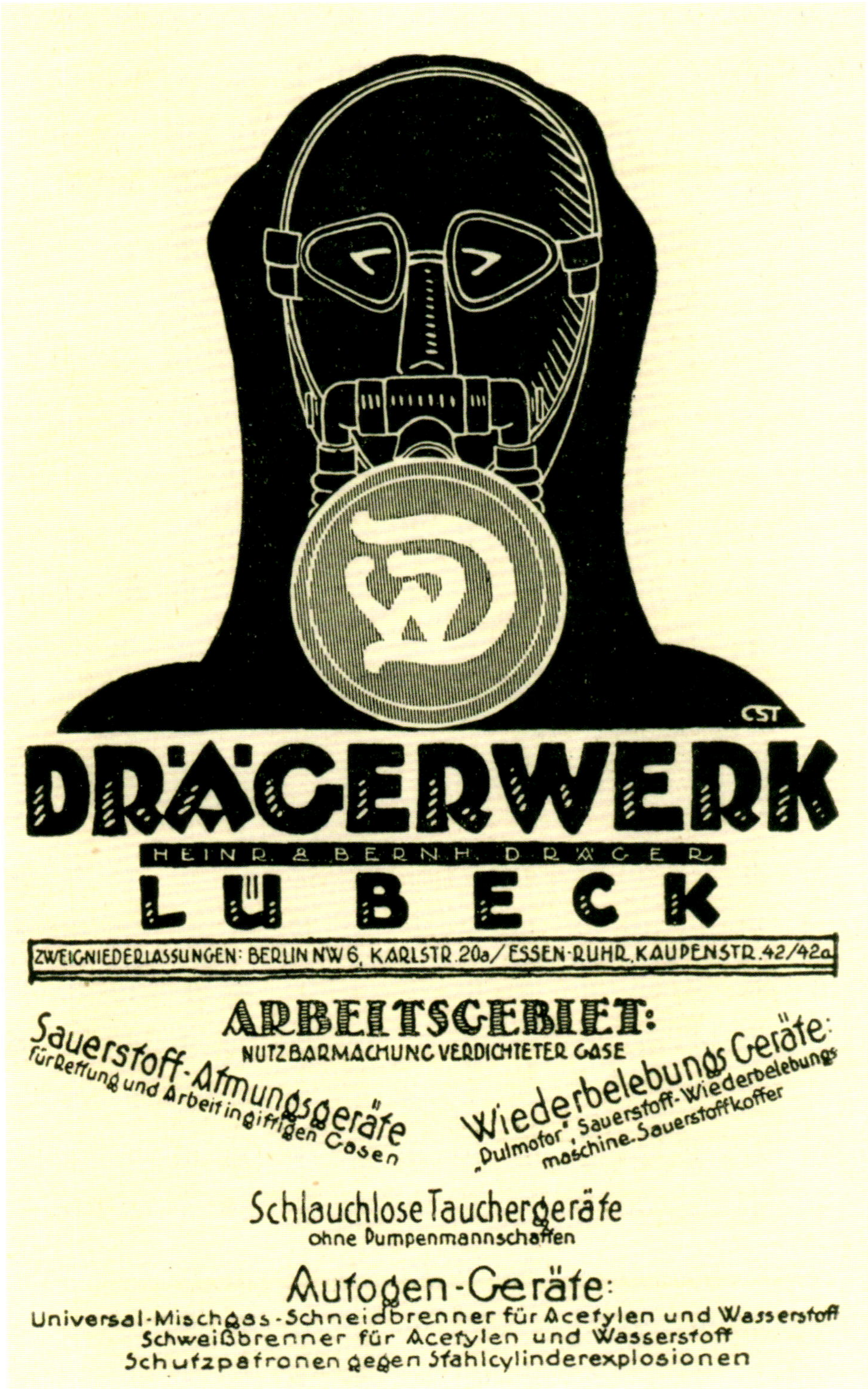

Eine interessante Auflistung der Produktpalette des Drägerwerkes vor 100 Jahren. Mit dem gesonderten Hinweis: "Nutzbarmachung verdichteter Gase". Die Firmeninhaber, Heinr. & Bernh. Dräger, werden in der Anzeige nur sehr dezent genannt.

Lübeck 1921: Die "Nordische Woche" 1921

Nicht "Holstenthor", Qualität mittel, sondern "Schiffergesellschaft", Qualität hochfein, war mit Stückpreis 5,- Mark am teuersten. Als Zigarren, versteht sich. Aber egal welche Preislage, alle fünf Sorten gehörten zur "Lübschen Ehr". Auch Lübecker Zigarrenhändler wußten anno 1921, was sie ihrer Hansestadt schuldig waren.

Lübeck 1921: Die "Nordische Woche" 1921

Schon vor 100 Jahren war die Firma Ernst Boie in Lübeck das führende Handelsunternehmen für Öle und Fette. Und damals auch eine Großhandlung für gebrauchte Fässer.

Meldorf

MELDORF 1824: GELEHRTENSCHULE MIT 4 LEHRERN

"Meldorf, der Hauptflecken in Süderdithmarschen auf der Geest, doch unmittelbar an der Marsch. Poststation. Sitz des Gerichts der ganzen Landschaft und gewöhnlicher Aufenthalt des Landvogts und Probsts.
Gegen 400 Häuser. Die eine Hälfte gehört zur Norder-, die andere zur Südervogtei. Der kleine Ladeplatz mit Hafen (Mielerhafen) liegt eine 1/2 Stunde vom Flecken; die Schiffarth ist aber unbedeutend. Jahrmarkt am Montage nach Judica und auf Kreuzerhöhung. Die Windmühle ist Eigenthum des Besitzers. Apotheke, Armenschule und Armenhaus. Arbeitshaus für eine Anzahl armer Kinder dotirt von dem Landesgevollmächtigten Bütje, der sich auch durch Vermächtnisse um die Gelehrtenschule und auf andere Weise verdient gemacht hat. Gelehrtenschule mit 4 Lehrern."

(Quelle: "Topographie des Herzogthums Holstein, des Fürstenthums Lübeck, des Gebiets der freien Hansestädte Hamburg und Lübeck, und des Herzogthums Lauenburg" von Joh. Friedr. Aug. Dörfer, Diaconus der Fleckenskirche in Preetz. 4. Auflage. 1824.)

Die Meldorfer Südermühle, ein zweistöckiger Galerieholländer, errichtet 1892. Foto: 1999

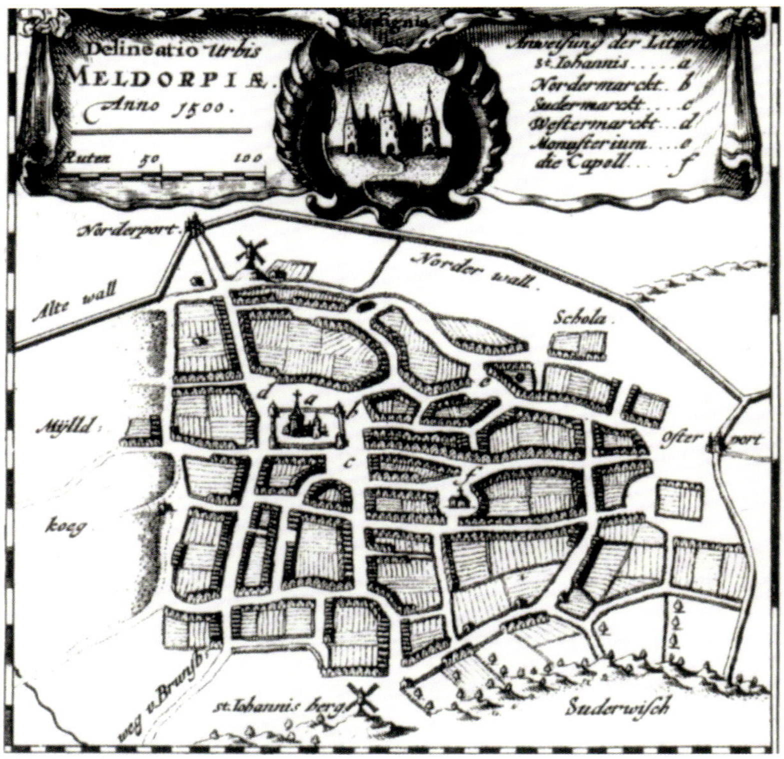

Stadtplan von Meldorf aus der Zeit um 1500. Oben links "Norderport" (Nordertor), daneben die Nordermühle am "Alte Wall". Im unteren Bildrand auf dem St. Johannsberg die Südermühle. Rechts "Osterport" (Osttor). Halblinks darüber am "Norderwall" die "Schola" (Schule). In der Bildmitte die Kirche. Bildnachweis: Von Johann Meyer, "Regierungs-Mathematicus" und Kartograph aus Husum, 1648 veröffentlicht. Unter Nutzung älterer Karten und Unterlagen, insbesondere des Städtebuches von Braun und Hogenberg, 1597.

Meldorf 1908: 5 Quartiere, 728 Wohngebäude

Meldorf 1908: 5 Quartiere, 728 Wohngebäude

"Meldorf, Kreisstadt des Kreises Süderdithmarschen, an der Chaussee Brunsbüttel-Marne-Heide, mit Rendsburg, Itzehoe und Wesselburen durch Chaussee verbunden, an der Bahnlinie Elmshorn-Heide-Hvidding, Postamt I. Klasse mit Telegraph und Telephon, Sitz des Landratsamts und eines Amtsgerichts. Kirche, Rathaus, königl. Gymnasium, Nebenzollamt, Kreiskasse für Süder- und Norderdithmarschen. Museum dithmarscher Altertümer (Bauernhaus). Der Meldorfer Hafen ist etwa 2 1/2 km entfernt, in ihn mündet die Miele. Hier ist ein von Einheimischen stark benutztes Seebad; seit einigen Jahren macht sich auch lebhafteter Besuch von auswärtigen Gästen geltend, welche in dem am Hafen erbauten Hotel und der Stadt Unterkunft finden.

Meldorf hat 728 Wohngebäude, 3927 Einwohner. Die Stadt entfällt in 5 Viertel oder Quartiere: Burg-, Kloster-, Geer-, Rosen- und Norderviertel. Die Kirche: Die jetzige dürfte um 1220 entstanden sein, sie diente der ganzen Gegend als Taufkirche und war daher außergewöhnlich groß angelegt. Der ursprüngliche Turm, welcher als Seezeichen diente, wehte 1444 nieder. Der danach gebaute wurde 1864 vom Blitz zerstört, der jetzige 1868–71 massiv errichtet.

Das Alte Pastorat von 1601 (Papenstraße Nr. 2).
Foto: Vor 1925

Die Stadt hat 2 Bürgerschulen (außer dem Gymnasium) und höhere Töchterschule. Städtisches Krankenhaus, Armenhaus. Die Landwirtschaft hat für Meldorf erhebliche Bedeutung. Gewerbliche Anlagen: Brauerei, Gerberei, 4 Mühlen, Baugeschäft; alle Gewerbe und Handwerke vertreten. 4 Ärzte, 2 Tierärzte, Apotheke, 5 Gasthäuser und mehrere Wirtschaften.
Die Verwaltung der Stadt Meldorf wird vom Magistrat wahrgenommen. Bürgermeister z.Z. Otto Lederer, 2 Ratmänner, 11 Stadtverordnete. Vermögen der Stadt 189.789 Mark, Schulden 433.650 Mark. Das Elektrizitätswerk ist 1900 mit Aufwand von 250.000 Mark von der Stadt erbaut.
Das Areal der Stadt Meldorf umfaßt 1269 ha, davon Acker 420 ha, Wiesen 385 ha, Weiden 337 ha. Der Stadt gehören 50 1/2 ha. Gesamtviehbestand etwa 250 Pferde, 650 Rinder, 250 Schafe."

(Quelle: "Topographie des Herzogtums Holstein einschließlich Kreis Herzogtum Lauenburg, Fürstentum Lübeck, Enklaven (8) der freien und Hansestadt Lübeck, Enklaven (4) der freien und Hansestadt Hamburg" von Henning Oldekop. Verlag Lipsius & Tischer. Kiel. 1908.)

Haustür im Gebäude Süderstraße Nr. 18. Auf dem Türsturz u.a. das Baujahr des Hauses: 1588. Darüber das Oberlicht aus dem 18. Jahrhundert. Foto: 1999

Gebäude Süderstraße Nr. 18 von 1588. Im 18. Jahrhundert baulich verändert, die ursprüngliche Giebelform wurde jedoch erhalten. Foto: vor 1925

Mölln

Mölln 1746: Eulenspiegels Grabstein

"Auf seinem renovirten Monument ist folgende Grabschrift zu lesen:
'Anno 1350 iß düsse Stehen upgehafen,
Tylle Eulenspiegel lehnent hierunter begraven,
Merkt wohl und denkt daran,
All de hier voröver gan,
Wat ick gewest up Erden,
Möten my glieck werden."

(Quelle: "Neu-vermehrter Curieuser Antiquarius" von P.L. Berkenmeyern. Bey Christian Herold. Hamburg. 1746.)

Angemerkt: In Mölln geboren ist Till Eulenspiegel nicht. Er war ein Zugereister. Mit irdischen Gütern war Till nicht gesegnet, eher wohl bettelarm. Dennoch hat er Mölln reich beschenkt. Sein Geschenk an die Stadt: Sein Mythos, seine Volkstümlichkeit, sein seit Jahrhunderten ungebrochener Bekanntheitsgrad. Eulenspiegel hat Mölln berühmt gemacht - bis auf den heutigen Tag. Ein enormer touristischer Glücksfall. Um 1350 soll dieser Erzschelm und Urvater des Schalks und der hintersinnigen Spitzbübereien in Mölln gestorben sein. Sein Grabstein ist in der Außenwand der St. Nicolai-Kirche eingemauert.

Till Eulenspiegel als Brunnenfigur unterhalb der Kirche auf dem historischen Marktplatz.
Foto: 2001

Mölln 1824: Den Stadthauptmann ernennt der König

"Möllen (Mölln), Stadt 4 Meilen von Lübeck, meistentheils von 2 ihr angehörigen Seen umgeben. Etwa 260 Häuser und 1.684 Einwohner.
Der Magistrat besteht aus 2 Bürgermeistern, 2 Camerarien), 2 Rathsverwandten; das Criminalgericht aus dem vom Könige ernannten Stadthauptmann, 2 Mitgliedern des Magistrats und einem Stadtsecretär.*
2 Apotheken, Holz- und Kornhandel. Bier und Zwieback haben sich einigen Ruf erworben, mehr noch Till Eulenspiegel und seine angeblichen Reliquien.
Hospital zum Heiligengeist. Siechenhaus vor der Stadt. Patron der Kirche ist der Magistrat. Bürgerschule.
1359 wurde Mölln mit dem See und der Vogtei an die Stadt Lübeck wiederkäuflich überlassen, 1748 aber nach einem langen Proceß wieder an Lauenburg (= an das Herzogtum/die Landesherrschaft) abgetreten."

(Quelle: "Topographie des Herzogthums Holstein, des Fürstenthums Lübeck, des Gebiets der freien Hansestädte Hamburg und Lübeck, und des Herzogthums Lauenburg" von Joh. Friedr. Aug. Dörfer, Diaconus der Fleckenskirche in Preetz. 4. Auflage. 1824.)

Balkeninschrift am Haus Bleistraße Nr. 5. 1631 ist das Baujahr des Gebäudes. Foto: 2001

MÖLLN 1856: ANSEHNLICHES "COMMUNALVERMÖGEN"

"Mölln, Stadt an der Stecknitz und am Möllner See, 4 Meilen südlich von Lübeck. Diese in einer an Naturschönheiten reichen Gegend gelegene und nur kleine aber lebhafte Stadt ist gleich sehr durch alte eigenthümliche Einrichtungen, durch ausgedehnte politische Vorrechte und ein ansehnliches Communalvermögen vor vielen Städten gleicher Größe bevorzugt.

Die Stadt ist durch 2 Thore geschlossen, gegen Westen das Steinthor, gegen Norden das Gültzower- oder Wasserthor genannt. Die Stadt Mölln zählt 319 bewohnte Privathäuser und 20 der Kirche und Stadt gehörige Häuser. Bis gegen das Ende des vorigen Jahrhunderts bestand die Bevölkerung, die bei der Zählung von 1845 eine Seelenzahl von 2730, 1855 von 3322 ergab, durchgängig aus Hauseigenthümern. Seitdem hat die Zahl der zur Miethe wohnenden Bürger und Arbeitsleute ansehnlich zugenommen.

Bei an sich keineswegs ungünstigen Localverhältnissen haben Fabrikanlagen gleichwohl kein Gedeihen gehabt. Desto umfangreicher wird Handel und Handwerk geübt. Außer einer Reihe Handwerker, die vereinzelt dastehen, hat Mölln 17 Zünfte, in welchen noch manche alte Gebräuche herrschen. In älteren Zeiten bildeten Bäkkerei und Brauerei, unterstützt durch die von der Stadt administrirte Kornwassermühle, die Haupterwerbszweige. Möllner Brod ward früher durch zahlreiche Brodträger täglich in weitentlegene Gegenden getragen, das Bier ward sogar nach Hamburg geliefert.

Außer den städtischen Kornmühlen, von denen eine durch Wasser, die andere durch Wind getrieben wird, sind an Mühlenwerken nur die Lohmühle des Schusteramts, die Alt-Möllner Wassermühle (...) und die Walkmühle eines Färbereibesitzers zu erwähnen.

Zu den Nahrungszweigen der Stadtbewohner gehört vorzüglich der Landbau."

(Quelle: "Topographie der Herzogthümer Holstein und Lauenburg, des Fürstenthums Lübeck und des Gebiets der freien und Hanse-Städte Hamburg und Lübeck" von Johannes von Schröder und Hermann Biernatzki. 2. Auflage, 1. und 2. Band. 1855/1856.)

Detail in der Fassade der Stadtmühle Mölln. Mit dem Mühlenrad im Möllner Stadtwappen. Foto von 1976 (Bildnachweis: Stadtarchiv Mölln)

Die Möllner Stadtmühle wurde bereits 1278 urkundlich erwähnt und spielte bis ins 18. Jahrhundert eine bedeutende Rolle für die Stadt und deren wirtschaftliche Entwicklung. Die Korn- und Malzmühle war für das florierende Brauwesen der Stadt von enormer Bedeutung. Das heute (Stand: Februar 2017) noch vorhandene Mühlengebäude wurde 1864 errichtet. Vorgängerbauten standen an gleicher Stelle. 1958 stellte die Stadtmühle ihren Betrieb ein. Foto von 1922 (Bildnachweis: Stadtarchiv Mölln)

Mölln 1908: Eine aufblühende Stadt

Aufgang zum historischen Möllner Rathaus, ein gotischer Backsteinbau aus der 2. Hälfte des 14. Jahrhunderts. Daneben Turm und Teil des Kirchenschiffes der Stadtkirche St. Nikolai. Baubeginn 1200, in der Mitte des 13. Jahrhunderts vollendet. Später erweitert und restauriert. Foto: 2001

"Mölln, Stadt im Kreis Herzogtum Lauenburg, am Elbe-Travekanal und der Lübeck-Büchener Bahnlinie mit Kleinbahn nach Hollenbek. Postamt II. Klasse, Telegraph, Amtsgericht. 610 Wohngebäude, 4471 Einwohner.

Das heutige Mölln ist eine aufblühende und in architektonischer wie landschaftlicher Beziehung anziehende Stadt.

Schulwesen: Eine höhere Privattöchterschule, 3 Klassen mit je 3 Abteilungen, 60 Schülerinnen, 5 Lehrerinnen; Mittelschule für Knaben und Mädchen, 9 Klassen, 6 Lehrer, 3 Lehrerinnen. Volksschule 8 Klassen, 1 Fortbildungsschule, etwa 170 Schüler für Zeichnen und andere Fächer, daneben eine Klasse für Kaufmannslehrlinge. Kleinkinderschule.

Beschäftigungsverhältnisse: 4 Ärzte, 1 Tierarzt, 2 Apotheken. An gewerblichen Unternehmungen sind vorhanden: 1 Eisengießerei, 3 Dampfsägereien, 1 städtische Ziegelei, städtische Wassermühle für 2800 Mark (jährlich) verpachtet, Dampfmolkerei und Milchzuckerfabrik, 53 kaufmännische Gewerbe, 182 Handwerker, 30 Gastwirtschaften. Die städtische Spar- und Leihkasse beging am 17. Oktober 1904 ihr 50jähriges Bestehen.

Landwirtschaft, Forstwirtschaft, Fischerei, Jagd. Gesamtareal des Stadtgebietes 2519 ha, davon Acker 879 ha, Wiesen 85 ha, Weiden 120 ha, Forsten 1160 ha. Viehbestand 200 Pferde, 207 Rinder, 15 Schafe. Die Wasserfläche des Seegebiets umfaßt 155 ha, sämtlich Eigentum der Stadt. Von den 1160 ha Forsten sind 1096 Eigentum der Stadt. Das Gebiet der Stadt Mölln ist in 5 Jagdbezirke geteilt, die insgesamt eine Jagdpacht von 6450 Mark abwerfen."

(Quelle: "Topographie des Herzogtums Holstein einschließlich Kreis Herzogtum Lauenburg, Fürstentum Lübeck, Enklaven (8) der freien und Hansestadt Lübeck, Enklaven (4) der freien und Hansestadt Hamburg" von Henning Oldekop. Verlag Lipsius & Tischer. Kiel. 1908.)

Neumünster

Neumünster 1127: Vicelin gründet Nova Monasterium

"1127 wurde der Missionspriester Vizelin) von dem Bremer Erzbischof Adalbero mit der Organisation des Kirchenwesens im Gau Faldera beauftragt. Unweit östlich der schon in das 9. Jahrhundert zurückgehenden sächsischen Grenzburg Wittorf gründete er im Schutze der Schwale-Schleife bei der hier wohl schon bestehenden Siedlung Wippenthorp (Bereich Kleinflecken) ein Augustiner Chorherrenstift als Stützpunkt der Wendenmission: Nova Monasterium**).*

Außerhalb der Schwale-Schleife bildete sich spätestens seit dem frühen 13. Jahrhundert ein zweiter Siedlungskern (Großflecken) im Schnittpunkt der Fernhandelsstraßen von Hamburg und Lübeck Richtung Norden und nach Meldorf. Für die im 13. Jahrhundert gegründete Klostermühle wurde die Schwale zum heutigen Stadtteich gestaut. Die Doppelsiedlung entwickelte sich rasch durch Fuhrwesen und Handwerk, besonders Tuchmacherei.

Kopfskulptur Vicelins am seitlichen Anbau des Rathauses. Auf einer Infotafel (gelesen 2005) u. a. dieser Text: "Vicelin – 1127 von Erzbischof Adalbero nach Wippendorf gesandt. Gründung eines Augustiner Chor-Herrenstiftes mit dem Namen Novum Monasterium. Neumünster."

Im ersten Drittel des 14. Jahrhunderts zogen sich die Mönche aus dem betriebsamen Ort nach Bordesholm zurück. Das Kloster wurde abgebrochen, die Kirche bestand bis 1811."

(Quelle: Georg Dehio " Handbuch der Deutschen Kunstdenkmäler. Hamburg/Schleswig-Holstein". Deutscher Kunstverlag. 1994.)

*) Vizelin: Vielfach auch Vicelin geschrieben

**) Nova Monasterium = Neues Münster. Daraus abgeleitet: Neumünster

Der Stadtteich befindet sich im Zentrum der Stadt und wird einfach nur "Teich" genannt. Entstanden durch Aufstau der Schwale. Garantiert 517 Jahr alt, gemäß Urkunde von 1502. Vermutlich aber noch wesentlich älter, aus der Zeit der Mönche. Foto: 2005

Neumünster 1824: 3 Tage Ochsenmarkt

"Neumünster, Flecken im Amt gleiches Namens, Probstei Kiel, an der Schwale und Landstraße von Kiel nach Hamburg. Station für ordentliche und Extrapost. Entfernung von Kiel 4, Preetz 4, Bramstedt 3 Meilen.
Volkszahl 2.588 Einwohner, Feuerstellen (= Herdstellen) 370. Königl. Zollcontrolle. Jahrmarkt am Donnerstag und Freitag vor dem Montage nach dem 1sten Mai, am 21 und 22sten August; beide zugleich Vieh- und Pferdemarkt. Ferner 3tägiger Ochsenmarkt vom 20 October an. Tuch- und Frieswebereien. Frachtfahrt. Das hiesige Zucht- und Werkhaus ist 1820 nach Glückstadt verlegt und das Gebäude ist jetzt eine Tuchfabrik des Herrn Renk. Armenhaus."

(Quelle: "Topographie des Herzogthums Holstein, des Fürstenthums Lübeck, des Gebiets der freien Hansestädte Hamburg und Lübeck, und des Herzogthums Lauenburg" von Joh. Friedr. Aug. Dörfer, Diaconus der Fleckenskirche in Preetz. 4. Auflage. 1824.)

Um 1824 war Neumünster "Station für ordentliche und Extrapost". Bild: Mit der Extrapost auf Reisen, um 1815.

Neumünster 1908: Vielfältiges Schulangebot

"Neumünster ist der Knotenpunkt der holsteinischen Eisenbahnen: nach Altona (Hamburg), Oldesloe (Schwarzenbek), dem östl. Holstein (Eutin-Neustadt-Burg a. Fehmarn), nach Norden (Rendsburg-Flensburg und nach Westen (Heide-Tönning.) Linie nach Bramstedt (Kaltenkirchen-Altona) auf neuestem Fahrplan markiert. Sitz eines Amtsgerichts und einer Reichsbanknebenstelle. Postamt I. Klasse, Telegraph, Fernsprecheinrichtung, Eisenbahnhauptwerkstätte. In Garnison das Schleswig-Holsteinische Infanterie-Regiment Nr. 163.

Einwohner: 1820: 3000, 1855: 5960, 1871: 8628, 1890: 17539, 1900: 27335, 1905: 31438. Neumünster wurde am 5. April 1870 Stadt. Seit 1. April 1901 ist Neumünster Stadtkreis.

Wir begeben uns auf den mit Anlagen versehenen sogen. Kirchhof, wo sich die etwas erhöht liegende Kirche) befindet, ein Bauwerk, welches von den einen gelobt und von anderen getadelt wird. Sie ist in den Jahren 1828-1834 erbaut und soll nach dem Muster der neuen Frauenkirche in Kopenhagen hergestellt sein. Mit Ausnahme des trefflichen Altarbildes ist sie durchaus schmucklos, aber von 'erhabener Schönheit' (nach eiem hier vorliegenden Urteil; eine andere Kritik hält sie für 'ebenso wenig ansprechend als die Kopenhagener Frauenkirche'. Die Glocken sollen bemerkenswert schön und rein klingen.*

Schulwesen: 1 Gymnasium nebst Oberrealschule und Vorschule, 600 Schüler; höhere Mädchenschule, 200 Schülerinnen; 2 Knaben- und 1 Mädchenmittelschule, 850

Der berühmte königlich-dänische Baudirektor Christian Frederik Hansen lieferte die Baupläne für die 1834 eingeweihte evangelische Vicelin-Kirche. Die Bauleitung hatte F.C. Heylmann, der auch Einfluß auf die Gestaltung des Turmes nahm. Besonders Fachleute loben den nordisch-kühlen, klaren, klassizistischen Stil dieses Gotteshauses. Es gab (und gibt) auch kritische Beurteilungen. Zum Beispiel: Zu unterkühlt, zu schmucklos. Foto: 2005

Knaben, 600 Mädchen; 2 Knaben-, 3 Mädchen- und eine kombinierte Volksschule, 35 Knaben- und 36 Mädchenklassen, 1850 Knaben und 1900 Mädchen; seit Ostern 1906 1 Hilfsschule mit 2 Klassen; der Volksschule angegliederte Hauswirtschaftsschule mit 8 Abteilungen in besonderem Gebäude; Kath. Volksschule, 350 Kinder; 1 Frauengewerbeschule; 1 obligatorische gewerbliche Fortbildungsschule, 700 Schüler; fakultative Handelsschule.

Wohltätigkeitsanstalten: Städtisches Krankenhaus ist für 75 Kranke eingerichtet; städtische Armenanstalt für 100 Hülfsbedürftige; der Anbau eines Tuberkuloseheims ist beschlossen; städtisches Kinder- und Altenheim; Fürsorgestelle für Zieh- und Haltekinder; 1 Krippe und 1 Warteschule; eine Badeanstalt ist 1908 erbaut. In Neumünster sind 10 Ärzte und 3 Apotheken.

Industrie, Handel und Gewerbe: Zur Zeit beschäftigt die Textil-Industrie in 22 größeren Betrieben etwa 2400 Arbeiter. Die Eisenindustrie ist mit 3 Eisengießereien und 6 Maschinenfabriken vertreten, abgesehen von den mächtigen Werken der Eisenbahnhauptwerkstätten. Außerdem sind an größeren gewerblichen Anlagen vorhanden: die städtische Gasanstalt, die Wasser- und Elektrizitätswerke, 1 Emaillierwerk, 1 Blechgefäßfabrik, 1 Zinkornamentfabrik, 2 Hartsteinfabriken, 1 Zementwarenfabrik und 1 Kokosmattenfabrik. Neben diesen Fabrikbetrieben sind sämtliche Handwerke in kleineren und größerem Umfange zahlreich vertreten. Auch alle Branchen des kaufmännischen Gewerbes in jeder Größe bis herauf zum Warenkaufhause bestehen hier. Holstenbank, Vereinsbank, Gewerbebank, Filiale der Kommerz- und Diskontobank, sowie die städtische Spar- und Leihkasse sorgen für die Befriedigung des Geldmarktes.

Die Lokalblätter 'Holsteinischer Courier' (freisinnig) und der 'General-Anzeiger' (nationalliebéral) erscheinen täglich."

(Quelle: "Topographie des Herzogtums Holstein einschließlich Kreis Herzogtum Lauenburg, Fürstentum Lübeck, Enklaven (8) der freien und Hansestadt Lübeck, Enklaven (4) der freien und Hansestadt Hamburg" von Henning Oldekop. Verlag Lipsius & Tischer. Kiel. 1908.)

*) Beschrieben wird hier die Vicelinkirche. Zitat: "Ein Hauptwerk des Klassizismus im Lande." (Quelle des Zitats: Georg Dehio, "Handbuch der Deutschen Kunstdenkmäler. Hamburg/Schleswig-Holstein". Deutscher Kunstverlag. 1994.)

In den Jahren 1871 bis 1914 erlebte Neumünster eine Zeit wirtschaftlicher Blüte. Manche Bürger wurden reich und bauten sich eindrucksvolle Häuser. Wie zum Beispiel der Bauherr, der seinem 1891 errichteten Neubau Großflecken/Ecke Holstenstraße einen dreifach gestaffelten Turm (Bild) anfügte. Ganz im imposanten Stil des Wilhelminischen Kaiserreichs. Foto: 2005

In den Jahrzehnten vor dem Ersten Weltkrieg wuchs Neumünster enorm. Die Einwohnerzahl vergrößerte sich von 8628 im Jahr 1871 auf 31439 im Jahr 1905. Auch für die öffentliche Versorgung mußte entsprechend "nachgerüstet" werden. Beispiel: Der Wasserturm in der Christianstraße (Bild) entstand 1899. Foto: 2005

NEUSTADT

NEUSTADT 1824: DER SCHIFFBAU HAT GANZ AUFGEHÖRT

"Neustadt, Stadt ohngefähr 2000 Schritte von der Ostsee, an einem Arm derselben, das Binnenwasser genannt, welches unter der Brücke vor der Stadt durch nach Altencrempe und Logeberg fließt, und den Hafen bildet, der vor der Mündung nur 9, sonst allenthalben 16 Fuß) tief ist. Station für ordentliche und Extrapost. Entfernung von Eutin 2, Lübeck 4, Oldenburg 3 Meilen.*
Gegen 270 Häuser. Sie (die Stadt) brannte 1817 frevelhaft angezündet bis auf die Kirche und wenige Häuser ab. Volkszahl gegen 1700.
Hauptnahrungsquelle ist der Ertrag des Landes. Fischfang. Der ehemalige beträchtliche Schiffbau hat ganz aufgehört. Kram- und Pferdemarkt am ersten Montage nach der Pfingstwoche und am Montage nach Simon Judä. Quarantaine-Commission. Knabenschule mit 2 Lehrern; Mädchenschule mit einem Lehrer. Das Hospital ist 1344 gestiftet, hat eine Capelle und besitzt eine Korn- und Malzmühle, beides Erbpachtstücke in der Altencremper Parochie. Die Windmühle bei der Stadt gehört zum Amt Cismar."

(Quelle: "Topographie des Herzogthums Holstein, des Fürstenthums Lübeck, des Gebiets der freien Hansestädte Hamburg und Lübeck, und des Herzogthums Lauenburg" von Joh. Friedr. Aug. Dörfer, Diaconus der Fleckenskirche in Preetz. *4. Auflage. 1824.)*

*) 1 Fuß = 28,8 cm. Nach Regionen zum Teil gering abweichend

Das aus dem Spätmittelalter stammende Kremper Tor wurde 1906/07 restauriert. In früherer Zeit hat man es auch als "Criminalgefängnis" genutzt. Foto: 2003

Neustadt 1856: An Winterabenden durch Laternen erleuchtet

"Neustadt (vorm. Nienkrempe, Nygenstadt by der Crempen, Nienstadt, Nighenstat), Stadt an einer schmalen, durch den Ausfluß des Kremper-Binnenwassers gebildeten Bucht der Ostsee, welche hier einen 2000 Ellen) langen Hafen bildet und in einen tiefen mehrere Meilen breiten Meerbusen (Neustädter-Bucht) nahe südlich der Stadt ausläuft, in einer überaus reizenden malerischen Lage.*

Den 28. Septempber 1817 wüthete hier das Feuer so schrecklich, daß innerhalb 4 Stunden außer dem Rathause 257 Gebäude, nämlich 129 Wohnhäusser und 128 Scheunen und Ställe ein Raub der Flammen wurden. Nur die reichlich eingegangenen Unterstützungsgelder machten es den Abgebrannten möglich, ihre Häuser wieder herzustellen und ihre Gewerbe fortzusetzen.

In neuerer Zeit hat die Stadt sich durch verbesserten Anbau ihres großen Stadtgebiets und durch bedeutende Handelsunternehmungen, vorzüglich durch den Getreidehandel, sehr gehoben und sich besonders gegen Süden über den Ausfluß des Binnenwassers erweitert, so daß sie jetzt zu den ansehnlicheren und betriebsameren Städten des Landes gehört.

Die Stadt wird in 3 Quartiere eingetheilt: das Brückenstraßer- (erste), Kremperstraßer- (zweite) und Hochthorstraßer (dritte) Quartier. Die Zahl der Häuser betrug 1853: 387. Die Zahl der Einwohner nach der letzten Zählung 1855: 3555.

An öffentlichen Gebäuden und Plätzen sind vorhanden: der Marktplatz und die Landungs- und Ladeplätze auf beiden Seiten des Hafens. Oeffentliche Gebäude hat die Stadt: die Kirche, das Rathaus, 1730 erbaut, das Spritzenhaus, das Brückengeld-Einnehmerhaus, das Kremperthor (worin die Criminalgefängnisse), das Gerichtsdienerhaus (worin das bürgerliche Gefängniß, Bürger-Gehorsam), die Wohnung des Stadtdieners und Pförtners; ferner das Pastoratshaus, ein Prediger-Wittwenhaus und 5 Schulhäuser mit Wohnungen für 5 Lehrer und 6 Classenzimmern; endlich das im Jahre 1852 erbaute Armen-Arbeitshaus. Königliche Gebäude sind: das Zollhaus (am Hafen belegen), das Chausseegeld-Einnehmerhaus und der Leuchtthurm auf dem Pelzerbaken mit Wohnungen für den Leuchtfeuerinspector und einen Lootsen.

*Die jetzige Kirche soll 1238 von dem Grafen Adolf IV. erbaut sein. Mit dem Thurmbau ward im Jahre 1334 der Anfang gemacht. Die Spitze desselben ward 1720 abgenommen. 1846 wurde ein neuer Thurm von 200 Fuß**) Höhe gebaut, er hat die Form einer Pyramide und ist mit Kupfer gedeckt. Die Orgel hat 34 Stimmen und ist eine der besten im Herzogthume. Der Altar ward 1663 aus der Schleswiger Domkirche hierher gebracht. Der König ernennt den Prediger.*

Neustadt hat 2 Knabenschulen, 2 Mädchenschulen, 2 Elementarschulen und einige Klein-Kinderschulen, letztere sind Privatanstalten. Mit den Elementarschulen ist seit 1829 eine Industrieschule für Mädchen verbunden. Eine Spar- und Leihkasse ist hier seit 1824.

Die Landstraßen aus dem Stadtgebiete sind theils chaussirt, theils neu gepflastert. Durch Chausseen ist Neustadt ver-

1856 waren – laut Schröder/Biernatzki – in Neustadt 5 Kornkaufleute und mehrere Kornmakler tätig. Der Kornhandel war beträchtlich. Davon gibt der 1830 gebaute große Kornspeicher am Hafen mit dem sechsfach gestuften Ziegeldach noch heute Zeugnis. Die eigenwillige Dachform entsprach reiner Zweckmäßigkeit. In den schmalen Dachabsätzen befanden sich Luken, die einen kräftigen Durchzug ermöglichten. Im Luftzug wurde das gelagerte Korn getrocknet und trockengehalten. Foto: 2003

Um 1856 war Neustadt Station für "ordinäre und Extrapost" einschließlich täglicher "Diligencefahrt". Auch gab es hier eine Posthalterei. Bild: Eine Posthalterei nach einer Zeichnung von 1872.

bunden mit Eutin, Lübeck und Segeberg. 3 Frachtfuhrleute vermitteln den Fracht-Verkehr hauptsächlich mit Hamburg. Wöchentlich gehen 2mal 2 Wochenwagen nach Lübeck, 2mal 1 dergl. nach Kiel. Außerdem existirt Wochenwagenverbindung zwischen Neustadt-Segeberg-Hamburg 1mal; desgl. zwischen Heiligenhafen-Oldenburg-Neustadt-Lübeck 2mal.
*Die Hauptgewerbe der Einwohner sind der Handel mit Korn, Bauholz u. s. w., der Akkerbau und zum Theil auch die Fischerei. (Es) ist hier vor mehreren Jahren wieder eine Schiffswerfte errichtet, die gute Geschäfte macht. In Neustadt wohnen 20 Schiffer und Böter. Die Zahl der hier zu Hause gehörenden Schiffe beträgt 25 mit 592 Comerzlast***) Trächtigkeit; dazu kommen 9 offene Böte. In der Stadt wohnen 5 Kornkaufleute und mehrere Kornmakler. Im Ganzen sind hier 41 Handeltreibende, darunter 3 Holzhandlungen, 3 Handlungen von Eisen und Steinkohlen, 3 desgl. von Porcelan und Steinzeug, 1 Weinhandlung; die Uebrigen handeln theils mit Colonial-, Kurzen- und Eisen-Waaren, theils mit Manufactur- und Modewaaren, theils mit beiden. An Fabriken sind hier: 1 Seifensiederei mit Lichtgießerei, 1 Essigbrauerei, 4 Lohgerbereien, 1 Tuchmacherei und Wollspinnerei, 1 Tabacks- und Cigarrenfabrik, 1 Eisengießerei, 1 Salzsiederei, 1 Wattenfabrik, 2 Wagenfabriken, 1 Lackfabrik, 1 Kalkbrennerei, 2 Ziegeleien, 1 Fabrik von Baumwollen-Zeugen und 1 Liquerfabrik. Von den 10 zünftigen Aemtern zählen das der Fischer 25, der Schuster 33, der Schneider 20, der Schmiede und Schlosser 12 (8 Schmiede, 4 Schlosser), der Bäcker 12, der Weber 7, der Schlachter 8, der Sattler 10, der Maurer und Zimmerleute 10 (6 Maurer, 4 Zimmermeister) und das der Tischler 21 Meister. Außerdem sind hier 4 Uhrmacher, 3 Goldschmiede, 6 Maler, 5 Knochen- und Holzdrechsler, 4 Stuhlmacher, 5 Böttcher, 3 Rademacher, 1 Holzpantoffel-*

macher, 3 Bürstenmacher, 2 Korbmacher, 5 Hut- und Mützenmacher, 1 Kammmacher, 7 Töpfer, 1 Büchsenschmied, 2 Nagelschmiede. 1 Kupferschmied, 1 Gelbgießer, 3 Klempner, 1 Nadelmacher, 4 Glaser, 2 Buchbinder, 3 Reifer, 2 Schiffszimmermeister, 4 Steinbrücker und Steinhauer, 1 Weißgerber, 2 Färber, 1 Segelmacher, 4 Barbiere, 1 Conditor, 2 Grützmacher, 2 Handelsgärtner, 1 Schornsteinfeger; ferner sind hier 2 Branntweinbrennereien, 5 Bierbrauereien. Neustadt hat 1 Buchdruckerei und wird daselbst das wöchentlich einmal erscheinende Neustädter Wochenblatt herausgegeben.

*Seit 1826 wird die Stadt an den Winterabenden durch Laternen erleuchtet. Neustadt hat 2 Gasthöfe und außerdem noch 12 Wirthshäuser. Die Stadt ist Sitz des Physicus****), hat 3 Aerzte, 1 Apotheker und 3 Hebammen. In derselben wohnen 2 Advocaten, die zugleich Notare sind, und 1 Thierarzt.*

*Es ist hier eine Station für ordinäre und Extrapost, tägliche Diligencefahrten*****) nach und von Eutin, Lübeck und Oldenburg und eine Posthalterei.*

*Der Magistrat besteht aus dem Bürgermeister, der zugleich Syndicus ist und 3 Rathsverwandten; ersteren ernennt der König, letztere werden von der Bürgerschaft gewählt und vom Könige bestätigt. Das Deputirten-Collegium besteht aus 9 Mitgliedern, die ebenfalls von der Bürgerschaft gewählt werden. Außerdem ist hier ein Actuar******), ein Stadt-, Hospitals- und Hafenschreiber und ein Stadtcassirer, der vom Magistrat erwählt wird."*

(Quelle: "Topographie der Herzogthümer Holstein und Lauenburg, des Fürstenthums Lübeck und des Gebiets der freien und Hanse-Städte Hamburg und Lübeck" von Johannes von Schröder und Hermann Biernatzki. 2. Auflage, 1. und 2. Band. 1855/1856.)

*) 1 Elle = 2 Fuß = 57,6 cm (nach Regionen z.T. geringfügig abweichend.)

**) 1 Fuß = 28,8 cm (nach Regionen z.T. geringfügig abweichend.

***) 1 Commerzlast. Nach Flensburger Maß im 19. Jahrhundert 2600 kg. In Hamburg 2944 kg

****) Pysicus = Amtsarzt

*****) Diligencefahrt = Eilpostwagen

******) Actuar = Aktuar = Gerichtsangestellter

Niebüll

Niebüll 1854: Auf festen Sanddünen erbaut

"Niebüll, Kirchdorf in Risummoor, 2 1/4 Meilen) südlich von Tondern, Amt Tondern, Bökingsharde, Proebstei Tondern. Dieses bedeutende Dorf, welches in Norder- und Süder-Niebüll eingetheilt wird, ist auf festen Sanddünen erbaut und gränzt südlich an das Kirchdorf Deetzbüll. Es enthält 230 Häuser. In Norder-Niebüll ist eine Districtschule und in Süder-Niebüll eine andere.*
Vor einigen Jahren ist hier ein bedeutendes Armen- und Arbeitshaus erbaut.
2 Wirthshäuser, 2 Schmiede, 2 Bäckereien und mehrere Handwerker. In einem Wirthshaus wird das Dinggericht für die Böringharde gehalten. Viele Frauen beschäftigen sich mit dem Weben. Hier sind 2 Mühlen, eine Graupen- und eine Rockenmühle. Niebüll hält jährlich 2 Krammärkte und einen Pferdemarkt auf Maria Reinigung und auf Johannis.
Die Kirche ist ein geräumiges Gebäude, ist hell und freundlich. Auf dem Kirchhofe steht ein Glockenhaus. An der Kirche stehen 2 Prediger, welche von dem Amtmann und dem Probsten präsentirt und von der Gemeinde gewählt werden.
*Vormals muß diese Gegend sehr holzreich sein, denn bei der Verfertigung von Gräben stößt man oft auf 2 bis 3 Fuß**) dicke Eichenstämme, welche etwa 2 Fuß unter der Erde liegen."*

(Quelle: "Topographie des Herzogthums Schleswig" von Johannes von Schröder. 2. Auflage. 1854.)

*) 1 dänische Landmeile = 7,532 km

**) 1 Fuß = 28,8 cm. Nach Regionen mit geringen Abweichungen

Die historische Redlefsen-Mühle in Süd-Niebüll.
Im Sommer 1962 abgebrochen.
Bildnachweis: Verein für Niebüller Geschichte e.V.

Niebüll 1906: Flächeninhalt 743 Hektar

"Dieses Haus liegt in Mittelniebüll, damals in der Hauptstraße 37a an einem Fangweg. Die Fangwege in Niebüll führten hinaus auf die Felder und trugen zu der Zeit keine eigenen Namen. Das Haus wurde 1898 erbaut von Boy Christiansen. Es lebten und arbeiteten hier drei Generationen, die das Tischlerhandwerk bis in die 1980er Jahre betrieben." (Text: Beate Jandt): Bildnachweis: Verein für Niebüller Geschichte e.V.

"Niebüll, Landgemeinde im Amtsbezirk Niebüll, 17 km s. von Tondern, Chaussee führt nach Tondern, Flensburg, Husum. Post, Eisenbahnstation und Kirchspiel Niebüll. Flächeninhalt 743 ha, davon Akker 252 ha, Wiesen 309 ha, Weiden 132 ha. 365 Wohngebäude, 1992 Einwohner, 262 Pferde, 2054 Rinder, 760 Schafe.

Niebüll ist Station der Marschbahn Husum-Tondern, Abzweigung der Spurbahn mit 3 Stationen nach Dagebüll.

2 Krammärkte und 1 Pferdemarkt werden auf Maria Reinigung und Johanni abgehalten. Auf der Westseite liegt das Marsch- und an der Ostseite das Geestland, n. ist sehr gutes Grasland.

Die Kirche liegt mitten im Ort. Sie ist 1729 erbaut, als die Kirche von Langstoft einging, deren Überreste zum Bau verwendet sind. Auf dem Kirchhof steht ein Glockenhaus.

Amtsgericht. Sechsklassige Schule mit 6 Lehrern und 1 Lehrerin. 24 Wirtshäuser, 2 Mühlen, 1 Kreditbank, Spar- und Leihkasse. Filiale der westholst. Bank. 3 Ärzte, 1 Tierarzt. Der Gewerbebetrieb ist beträchtlich."

(Quelle: "Topographie des Herzogtums Schleswig" von Henning Oldekop. Verlag Lipsius & Tischer. Kiel. 1906.)

OLDENBURG

Oldenburg 1824: Ackerbau am wichtigsten

"Oldenburg, Stadt in dem davon genannten Lande. Station für ordentliche und Extrapost. Entfernung von Heiligenhafen 1 1/2 Meilen, von dem Femarschen Sunde 2 1/2 Meilen. Königliche Zollkontrolle. 116 Voll-, 134 Halbbürgerhäuser. Volkszahl 1592.

Der Magistrat besteht aus einem Bürgermeister, der zugleich Syndicus ist, und 3 Rathsverwandten. 12 Stadtdeputirte, wozu noch die sogenannten Sechsmänner kommen.

Mehrere Umstände gaben der Stadt in der ältern Zeit Bedeutsamkeit und Umfang. Kaiser Otto I. legte 947 in dem damals wendischen Stargard ein Bisthum an, welches 1158 nach Lübeck verlegt wurde. 1773 brannte die Stadt beinahe ganz ab. Ackerbau ist jetzt der wichtigste Betrieb der Einwohner. Jahrmarkt auf Margarethentag. Viehmarkt am Montage und Dingstage nach Martini. Die beiden nahe an der Stadt liegenden Kornwindmühlen, bei denen die Einwohner Zwangsgäste sind, gehören zum Amt Cismar, und sind Zeitpachtstücke.

Den Pastor der hiesigen Kirche, der zugleich Probst der Probstei Oldlenburg ist, ernennt der König. Das große Hospital hat 7 Präbenden; das kleinere, oder der Siechenhof, woran auch das Gut Lübberstorf Antheil hat, liegt in der Stadt."

(Quelle: "Topographie des Herzogthums Holstein, des Fürstenthums Lübeck, des Gebiets der freien Hansestädte Hamburg und Lübeck, und des Herzogthums Lauenburg" von Joh. Friedr. Aug. Dörfer, Diaconus der Fleckenskirche in Preetz. 4. Auflage. 1824.)

Blick auf den Oldenburger Wall. Er ist, neben Haithabu, das bedeutendste archäologische Bodendenkmal Schleswig-Holsteins. Bis zu 18 Meter hoch sind die mächtigen Erdwälle. Der Spaziergang auf der Wallkrone vermittelt einen Eindruck von der Dimension der Anlage. Jahrhundertelang schützten die Wälle die Burg Starigard, die "Alte Burg". Davon abgeleitet hat die Stadt Oldenburg ihren Namen. Schon in der 2. Hälfte des 8. Jahrhunderts war Starigard Fürstensitz und Machtzentrum der Wagrier, eines Teilstammes der Abodriten (Obotriten). Foto: 2003

Oldenburg 1908: Vier Tore führen hinaus

"Oldenburg, Kreisstadt (nicht Sitz des Landratsamts) im Kreis Oldenburg, an der Bahn Eutin-Heiligenhafen-Fehmarn. Sitz eines Amtsgerichts. Postamt 2. Klasse, Tel., Telegraph.
Oldenburg war unter dem Namen Starigard (wendisch Starigard = alte Burg) der Sitz der wendisch-obotritischen Fürsten und Haupt- und Residenzstadt des heidnischen Wagriens. Die slavische Ansiedlung - jetzige Stadt Oldenburg - wird 940 zuerst erwähnt. Die hier entstehende Burg wurde ein Hauptsitz der slavisch-wagrischen Fürsten. Der Wasserstand des Dannauer (Wesseker) Sees war derzeit so hoch, daß Schiffe von der Ostsee bis nach Oldenburg fahren konnten.
Die Stadt hat 377 Wohngebäude und 2459 Einwohner. 4 Tore führen hinaus: Dolgentor, Burgtor, Kuhtor, Schmütztor. Die Kirche, nach dem Brande von 1773 hergestellt und 1778 eingeweiht, ist eine schlichte, ungewölbte dreischiffige Basilika; der schwere Turm ist ins Mittelschiff halb eingebaut, hat gotisches Hauptportal und trägt eine Spitze, die Kuppel mit Kupfer gedeckt.
Das Stadtarmen-Hospital nahe vor dem Schmütztor ist 1838 aus der Vereinigung des vormaligen St. Johannis- und des St. Jürgens-Hospital entstanden. Dem Gemeindewesen dienen noch: Diakonissenstation, Armenhaus, Kreiskrankenhaus, Spar- und Leihkasse, Kreditgenossenschaft, achtklassige Volksschule, Fortbildungsschule, Kleinkinderschule, Volksbibliothek. In der Stadt sind: 3 Maschinenfabriken, 2 Torfgräbereien in größeren Betrieb, 2 Meiereien, 2 Mühlen, 15 Kaufleute, 23 Wirtshäuser, 150 Gewerbetreibende, 156 Handwerker, 2 Ärzte, 2 Tierarzt, Apotheke. Die Verwaltung wird geführt von dem Magistrat (Bürgermeister Eißfeldt, 2 Stadträte) und dem Stadtverordneten-Kollegium von 12 Mitgliedern. Das Kapitalvermögen der Stadt beträgt 30338 Mark, die Schulden 127861 Mark.
Das ganze Areal des Stadtgebietes beträgt 1208 ha, davon Acker 671 ha, Wiesen 449 ha, Bruchland 80 ha. 198 Pferde, 550 Rinder, 2 Schafe."

(Quelle: "Topographie des Herzogtums Holstein einschließlich Kreis Herzogtum Lauenburg, Fürstentum Lübeck, Enklaven (8) der freien und Hansestadt Lübeck, Enklaven (4) der freien und Hansestadt Hamburg" von Henning Oldekop. Verlag Lipsius & Tischer. Kiel. 1908.)

Kirche zu Oldenburg um 1912 – nach einer 1925 veröffentlichten Zeichnung.

Auf dem Gelände des Wallmuseums: Eine Fischerhütte, ein Lagerhaus, eine Weberkate und ein Wohnhaus bilden u.a. das nach wissenschaftlichen Erkenntnissen rekonstruierte Ensemble einer Slawensiedlung aus der Zeit vor ungefähr 1000 Jahren. Bild: Teilbereich dieser Siedlung. Foto: 2009

PINNEBERG

Pinneberg 1824: 83 Häuser, 146 Familien

"Pinneberg, Ort in der Herrschaft Pinneberg, auf dem Weg von Altona nach Elmshorn, mit Fleckensfreiheit. Kirche: Rellingen. 83 Häuser. Volkszahl 146 Familien, 754 Personen. Station für ordentliche und Extrapost. Entfernung von Altona 2 1/2, Elmshorn 2 Meilen. Wohnung des Drosts) und Amtsverwalters der Herrschaft.*
Durch allmählichen Anbau entstand der Ort. An der Schule steht ein studirter Rector. Vererbpachtete Wassermühle. Apotheke. Jahrmarkt am 21. October.
*Von diesem Ort wird das Pinneberger Dorf**) durch die Pinnau, über welche hier eine steinerne Brücke ist, geschieden. Es gehört zur Haus- und Waldvogtei der Herrschaft. Volkszahl 56 Familien, 315 Personen."*

(Quelle: "Topographie des Herzogthums Holstein, des Fürstenthums Lübeck, des Gebiets der freien Hansestädte Hamburg und Lübeck, und des Herzogthums Lauenburg" von Joh. Friedr. Aug. Dörfer, Diaconus der Fleckenskirche in Preetz. 4. Auflage. 1824.)

*) Schon zu Zeiten der Schauenburger Grafen trug der oberste Verwaltungsbeamte für die Grafschaft Pinneberg die Bezeichnung Drost oder auch Landdrost. Als 1640 die nunmehrige Herrschaft Pinneberg (nicht mehr Grafschaft) königlich-dänisch wurde, blieb diese Bezeichnung erhalten.

**) Am 1. April 1905 erfolgte die Eingemeindung von Pinnebergdorf in die Stadt Pinneberg.

Alte Kate in Pinneberg von 1690. Nach Angaben aus dem Jahr 1922 in der Friedenstr. Nr. 51, Zeichnung von F. Biehl.

Pinneberg 1908: Kochschule der Firma Wuppermann

"Pinneberg, Stadt an beiden Ufern der Pinnau, an Chaussee Altona-Elmshorn, 15 km nw. von Altona, Bahnstation der Linie Altona-Kiel, Postamt I. Klasse, Landratsamt, Kirchengemeinde, Amtsgericht. Areal 987 ha, davon Acker 320 ha, Wiesen 120 ha, Weiden 300 ha, Hölzung 38 ha. 723 Wohngebäude, 6196 Einwohner, 254 Pferde, 508 Rinder. 1875 erhielt Pinneberg die Stadtgerechtsame. Die Kirche wurde am 31. März 1895 eingeweiht, Ziegelrohbau in gotischem Stil mit Schieferdach.

Spar- und Leihkasse der Stadt und desgleichen des Kreises. Kreiskrankenhaus. Kreisirrenanstalt; Armenhaus mit Krankenpflegestation. Mehrere Diakonissinnen. Kinderwarteschule der Firma Hermann Wuppermann, Kochschule derselben Firma.

Mittelschule für Knaben, 5 Klassen; Mädchen-Volksschule 6 Klassen; Volksschule in Neu-Pinneberg, 6 Klassen; an den Schulen unterrichten insgesamt 19 Lehrer und 6 Lehrerinnen.

Die alte Landdrostei, einstiger Sitz der dänischen Drosten), alter Monumentalbau aus der ersten Hälfte des 18. Jahrhunderts, jetzt Wohnsitz des königl. Landrats.*

Der Hafen ist nicht tief und kann nur kleine Flußschiffe (Ewer) aufnehmen, im Jahr 1906 haben 326 Schiffe mit zusammen 9562 cbm Netto-Raumgehalt hier verkehrt, Pinneberg selbst hat keine Schiffe.

Industrie, Handel und Gewerbe: Stanz- und Emaillewerk von Hermann Wuppermann, 600 Arbeiter; Haartuchweberei, Gummirockfabrik, 2 Leimfabriken, Dampffärberei, Holzhandlung, Sägerei, 2 Dampfmühlen, Gerberei. Mehrere Manufaktur- und Kolonial-Handlungen, kleine Zigarrenfabriken. Alle Gewerbetreibenden und Handwerker in größerer Zahl vertreten. 5 Ärzte, einschließlich Kreisarzt, 2 Tierärzte (1 Kreistierarzt), Apotheke, Pinneberger Wochenblatt, 38 Gast- und Schankwirtschaften. Wasserverhältnisse: Gutes Brunnenwasser.

Bürgermeister F. Heinsohn, 2 Stadträte, 12 Stadtverordnete. Das Budget für 1907 balanciert mit 320.000 Mark. Vermögen der Stadt am 1. April 1907 (...), insgesamt 804.807 Mark, Schulden 568.604 Mark."

(Quelle: "Topographie des Herzogtums Holstein einschließlich Kreis Herzogtum Lauenburg, Fürstentum Lübeck, Enklaven (8) der freien und Hansestadt Lübeck, Enklaven (4) der freien und Hansestadt Hamburg" von Henning Oldekop. Verlag Lipsius & Tischer. Kiel. 1908.)

*) Siehe dazu auch Fußnote zum vorhergehenden Bericht "Pinneberg 1824...", Seite 151.

Die Lindenstraße in Pinneberg um 1900, Postkartenausschnitt.

Die Drostei in Pinneberg. 224 Jahr lang, von 1640 bis 1864, haben Droste der Herrschaft Pinneberg vorgestanden. 1779 wurde Hans von Ahlefeldt, Geheimer Konferenzrat und Ritter vom Danebrog, Drost von Pinneberg. 1765 kaufte er der Witwe seines Amtsvorgängers deren Haus ab, ließ es abtragen und errichtete diesen Neubau. Ein repräsentatives Backsteingebäude im Stil des norddeutschen Barock mit einer Prise Rokoko. Es war Wohn- und zugleich Amtssitz des Drosten. Daher die bis auf den heutigen Tag gebräuchlichen Bezeichnungen "Drostei" oder "Landdrostei" für dieses Haus. Foto: 2003

Wappenstein im oberen Teil der Eingangstür der Drostei. Foto: 2003

Plön

Plön 1784: Vormalige Residenzstadt

"Plön, war die vormalige herzogliche Residenzstadt), zwischen einem grossen und einem kleinen See, mit einem hochliegendem Schloß, schönen Aussichten, verschiedenen anmuthigen Gärten, einem Thiergarten und einer beachtungswerthen Wasserkunst."*

(Quelle: "Geographisch-Historisch-Statistisches Zeitungs-Lexicon" von Wolfgang Jäger. 2. Teil, M-Z. Bei: Ernst Christoph Grattenauer. Nürnberg. 1784.)

*) Von 1636 bis 1761 war Schloß Plön die Residenz der Herzöge von Schleswig-Holstein-Sonderburg-Plön.

Der obere Teil eines Seitenflügels von Schloß Plön, von Süden gesehen. Links ein Treppenturm, im späten 19. Jahrhundert angefügt. Foto: 1997

Schloß Plön, 1633–1636 errichtet von Herzog Joachim Ernst von Schleswig-Holstein-Sonderburg-Plön. Rechts im Bild der Turm der Plöner Stadtkirche St. Nikolai. Foto: 2001

Plön 1824: Besteht aus Alt- und Neustadt

Die Johanniskirche von 1685 mit dem schönen Dachreitertürmchen in der (vormaligen) Plöner Neustadt. Foto: 2002

"Ploen (urspr. Plone), Stadt auf einem schmalen Striche Landes in einem See, der dadurch in den großen und kleinen See getheilt wird. Station für ordentliche und Extrapost. Entfernung von Preetz 2, von Kiel 4 1/4, von Eutin 2 Meilen. Gränzzoll. Die Stadt besteht aus einer Alt- und Neustadt. Der Magistrat der ersteren besteht aus einem Bürgermeister, der zugleich Stadtsecretär ist, und 2 Rathsverwandten, 6 Stadtsdeputirte. Volkszahl 1282. Contribuable) Häuser 189.*

Die Neustadt (69 Häuser) gehört nebst dem größern Theil der Klostergasse (21 Häuser) und dem Schloßgrunde zum Amt Ploen. Volkszahl 641.

*Die Zahl der Einwohner der ganzen Stadt, die Einquartirungen einbegriffen, mag etwa 2500 seyn, und die Zahl der Amtsuntergehörigen davon 700 betragen. Einquartirt ist hier die 4te Escadron Dragoner.**)*

Die Korn- und Graupenmühlen sind mit dem reichlichen Aalfange königl. Zeitpachtstücke. Vormals war das Spitzenklöppeln mehr als jetzt ein nicht unwichtiger Erwerb. Buchdruckerei und wöchentliche Anzeige.

Jahrmarkt den 2ten Montag und Dingstag nach Fastnacht. Vieh- und Krammarkt die 3 nächsten Tage nach dem ersten Sonntage Trinitatis, Montag und Dingstag nach Egidien, Montags und Donnerstags auf Martini, zugleich Pferdemarkt. Hier wird auch auf dem Egidienmarkt Montags die Hengstbesichtigung vorgenommen.

2 Armenhäuser. Waisenhaus für 12 Kinder beiderlei Geschlechts, womit die Armenschule verbunden ist. Das Breitenauische Gestift, welches seinen Namen von dem Stifter dem Geh. Rath Christoph-Gensch von Breitenau führt, ist eine Gelehrtenschule mit einem Rector, Conrector, Subrector und Schreib- und Rechnenmeister.

Die Altstädter Kirche hat 2 Compastoren, deren Erster zugleich Probst der Probstei

Die Plöner Stadtkirche St. Nikolai in der Gestalt von 1864, also vor dem großen Kirchenbrand, nach einer historischen Zeichnung. Nach dem Brand auf alten Grundriß unter Verwendung erhaltener Mauern 1866–68 erneut errichtet.

Ploen ist. Eingepfarrte Orte: Ascheberg, Behl, Böstorf, Carp, Carperbeck, Ober- und Niedercleveetz, Dersau, Dörnik, Fegetasche, Friedrichshof, Güstorf, hinterste Wache, Kreuzfeld, Langenrade, Lindau, Kleinmeinstorf, Ruhleben, Sandkathen, Timmendorf, Wittmolt, Zepel. Zur Neustädter- oder Johanniskirche ist ausser einigen Häusern auf den ehemaligen Vorwerksländereien nichts eingepfarrt. Die Predigerstelle ist eingezogen.

*Das 1636 fertig gewordene Schloß liegt auf einem hohen Berge, hat 3 Stockwerke und ausser dem Hauptgebäude 2 Flügel. Der königl. Amtmann wohnt auf demselben. Auch wird auf demselben zweimal im Jahre das Landgericht und Unterconsistorium***) für die Aemter Ploen, Ahrensboeck, Traventhal, Reinfeld und Rethwisch gehalten."*

(Quelle: "Topographie des Herzogthums Holstein, des Fürstenthums Lübeck, des Gebiets der freien Hansestädte Hamburg und Lübeck, und des Herzogthums Lauenburg" von Joh. Friedr. Aug. Dörfer, Diaconus der Fleckenskirche in Preetz. 4. Auflage. 1824.)

*) Contribuable Häuser = Häuser, für die "Grundsteuer" gezahlt werden muß.

**) Dragoner = Leichte Reiter (beim Militär)

***) Unterconsistorium = Regionaler Teil des gesamten Consistoriums (Konsistorium). Konsistorium = Kirchlicher Gerichtshof einer Diözese

Plön 1908: Nicht jeder kann Bürger werden

"Plön, Kreisstadt im gleichnamigen Kreise, zwischen dem Großen und dem Kleinen Plöner See mit hochragendem Schlosse herrlich belegen.Eisenbahnstation auf der Strecke Neumünster–Neustadt und Kiel-Lübeck, Postdirektion, Telegraphen- und Telephonstation.

Mittels Kabinettsordre vom 9. Mai 1867 bestimmte König Wilhelm von Preußen das Schloß zum Kadettenhaus und im Mai 1868 zogen die ersten Kadetten ein. Jetzt (d.i. 1908) beherbergt es gegen 200 Kadetten. In dem Königlichen Kadettenhause wird bis zur Tertia einschließlich unterrichtet. Aus der Tertia werden die Kadetten nach der Hauptkadettenanstalt in Lichterfelde versetzt.

Das Stadtgebiet umfaßt jetzt 1256 ha, nämlich 368 ha Ackerländereien, 49 ha Wiesen, 13 ha Weiden, 104 ha Forsten und Hölzungen, 610 ha Gewässer und Gräben, 34 ha Haus- und Obstgärten, 32 ha Haus- und Hofräume, 37 ha Wege und Plätze und 9 ha Ödland. Es gehören zum Stadtgebiet die Wohnplätze Stadt Plön, Fegetasche und Stadthaide.

Die Lange Straße in Plön um 1900 nach einem vergrößerten Postkartenausschnitt.

Der Magistrat besteht z.Zt. aus dem Bürgermeister J. Kinder und drei Senatoren, das Stadtverordnetenkollegium aus acht Stadtverordneten. Unter Leitung des Magistrats arbeiten nach Maßgabe des Ortsstatus in der städtischen Verwaltung zwölf ständige Kommissionen.

Zum Erwerb des Bürgerrechts ist erforderlich der Besitz eines Wohnhauses, welches mindestens auf 100 Mark zur Staatsgebäudesteuer eingeschätzt ist, oder der selbständige Betrieb eines zur Gewerbesteuer herangezogenen stehenden Gewerbes, oder ein zum Staatseinkommen veranlagtes Jahreseinkommen von mehr als 900 Mark.

Zu den städtischen Beamten gehören: der Bürgermeister, der Stadtsekretär, der Stadtkassierer, zwei Sparkassenbeamte, zwei Polizeiserganten, zwei Wächter.

Das alte, im Jahre 1817 nach einem Brande wieder aufgeführte Rathaus dient jetzt ganz dem Königlichen Amtsgericht, ist an den Justizfiskus seit 1867 vermietet. Für die städtische Verwaltung wurde 1900 das ehemalige Gymnasialgebäude am Schloßberg eingerichtet. Die Stadt besitzt ferner ein öffentliches Krankenhaus, ein Armen- und Arbeitshaus in Gemeinschaft mit dem Amtsbezirk Plön, ein Spritzenhaus, eine Abfuhranstalt, ein Elektrizitätswerk. Die Straßen und Plätze werden durch 17 Bogenlampen und 70 Glühlampen beleuchtet. Außerdem liefert das Elektrizitätswerk Strom für 42 Motore und 5000 Glühlampen.

Plön ist Wohnsitz des Königl. Landrats, des Kreisarztes, des Kreistierarztes, hat ein Königl. Steueramt, eine Königl. Kreiskasse, ein Königl. Katasteramt. Auch wohnen hier ein

Königl. Wasserbauinspektor, drei Ärzte. Die Apotheke besteht seit dem Jahr 1685.
Schule. Dem Unterrichtswesen dienen eine sechsklassige Bürgerknabenschule mit einem Rektor und eine vierklassige Mädchenschule. Das neue Gebäude (des Gymnasiums) wurde am 1. Mai 1899 eingeweiht und erhielt den Namen 'Kaiserin-Auguste-Viktoria-Gymnasium'. Mit dem Gymnasium ist ein evangelisches Alumnat*) verbunden, welches 30 Zöglinge aufnehmen kann. Eine mit Pensionat verbundene Privattöchterschule erhält Zuschüsse aus der Stadtkasse. Außerdem gibt es eine stark besuchte Koch- und Haushaltungsschule.
Einwohnerschaft. Nach der Volkszählung des Jahres 1905 zählte die Stadt 3735 Einwohner, welche 398 Gebäude bewohnten. Der städtische Landbesitz ist wenig ertragreich, dennoch hat der Ort sich den Charakter einer Landstadt bewahrt. Bei der Viehzählung des Jahres 1906 zählte man 216 Vieh besitzende Haushaltungen, die zusammen 132 Pferde, 173 Stück Rindvieh, 16 Schafe und 2219 Schweine besaßen.
Dem Handelsverkehr mit der Umgebung dienen ein wöchentlicher Freitagsmarkt und vier Jahrmärkte. Die drei ersten Jahrmärkte sind Kram- und Pferdemärkte, der vierte ist außerdem Viehmarkt.
An gewerblichen Unternehmungen hat die Stadt 1 Wagenfabrik, 1 Dampfsägerei, 1 Mineralwasserfabrik, 2 Lohgerbereien, 1 Buchdruckerei, 1 Kornbranntweinbrennerei, 1 Meierei, 1 Lohmühle, 1 Holzpantoffelfabrik mit Dampfbetrieb, 2 photographische Anstalten, 9 Schlachtereien und Wurstfabriken, 8 Bäckereien, mehrere Baugeschäfte, Getreide-, Kohlen-, Holzhandlungen und 1 Weingroßhandlung. In Innungen vereinigt sind die Schuhmacher, Schlachter und Bäcker. Dem Geldverkehr dienen die Plöner städtische Sparkasse, gegründet 1825, der Kreditverein und eine Filiale der Holstenbank. Für den Fremdenverkehr gibt es 15 Gastwirtschaften und 8 Schankwirtschaften."

(Quelle: "Topographie des Herzogtums Holstein einschließlich Kreis Herzogtum Lauenburg, Fürstentum Lübeck, Enklaven (8) der freien und Hansestadt Lübeck, Enklaven (4) der freien und Hansestadt Hamburg" von Henning Oldekop. Verlag Lipsius & Tischer. Kiel. 1908.)

*) Alumnat = Schülerheim

Das "Neustädter Armenhaus in Plön", etwa um 1685 errichtet. Nach einer 1925 veröffentlichten Zeichnung. Rechts daneben die Johanniskirche mit dem markanten Dachreiterturm.

Das "Lübsche Tor" zu Plön Ende des 16. Jahrhunderts nach einer 1925 veröffentlichten Zeichnung. Rechts unten im Bild: der sogenannte 'Bullenstall', das Gefängnis für Trunkene. Linker Torteil: Stadtfrisör-Wohnung, rechter Teil: Polizeidiener-Wohnung.

Preetz

Preetz 1789: Im Kloster 32 Conventualinnen

"Das Kloster zu Preetz ist das reichste. Es gehört dazu die sogenannte Probstey, ein Landstrich in Wagrien an der Ostsee, der zwanzig Dörfer enthält, und ungemein reich ist, und außerdem noch andere 18 Dörfer.
Die Conventualinnen in diesem Stifte sind jetzt 32, nebst 7 Schulfräulein, die erst präparatorisch) recipiret**) sind. Der Fräulein, welche die Exspectanz***) haben, sind gegenwärtig 42; ein Beweis, wie gerne der Adel seine Töchter in die Klöster schickt. Der jetzige Probst dieses Klosters ist der Geheime-Rath Graf von Rantzau."*

(Quelle: "Reisejournal Niedersachsen". 3 Bände. Erschienen 1789 unter dem Pseudonym "Quintus Amelius Publicola". Das ist Johann Hermann Stoever. Nachdruck im Verlag D. u. K. Kötz. Hamburg. 1975. Unter Niedersachsen versteht Stoever nicht den historischen niedersächsischen Kreis des deutschen Reiches, sondern jene Teile des alten Sachsenraumes, die sich bis zum Meer hin erstreckten. Also auch Holstein.)

*) präparatorisch = vorbereiten

**) recipiret = fremdes Gedankengut aufnehmen, übernehmen. Hier wohl im Sinne von 'die Schulfräulein bereiten sich gedanklich innerlich auf die Aufnahme in das Kloster (das Stift) vor.'

***) Exspectanz = Anwartschaft auf eine noch besetzte Stelle

Angemerkt: Preetz war ein Kloster der Benediktinerinnen, um 1211/1220 gegründet. Nach einigen Ortswechseln ab 1260 endgültig in Preetz. Die Ordensfrauen (die Nonnen) lebten nach der um 530 von Benedikt von Nursia verfaßten Ordensregel, der Benediktregel. Dazu gehörten Verzicht auf persönliches Eigentum, Keuschheit, Gehorsam und Ortsbeständigkeit. Nach der Reformation 1542 Umwandlung des Klosters in ein adeliges Damenstift.

Mit der Umwandlung des Klosters in ein Damenstift war strenges Klosterleben nach der Benediktsregel endgültig vorbei. Heute ist auch das Ambiente des Klosterhofgeländes freundlich-heiter und nicht etwa klösterlich-streng. Bild: Blumengeschmückte Veranda mit Freitreppe am Gebäude Klosterhof Nr. 8. Foto: 2005

Die Klosterkirche Preetz, 1325–1340 als gotische Basilika errichtet. Auf dem mächtigen Dach das fast zierlich wirkende Dachreitertürmchen von 1783. Foto: 2009

Preetz 1908: Die Wurstmacherei hat sich entwickelt

"Preetz liegt mit dem Hauptteile am Westufer der Schwentine, die südlich der Stadt aus dem Lankersee heraustritt, dann sich zum Kirchsee verbreitert und nach Norden weiter fließt. Die Stadt wird durch die Kiel-Lübecker Chaussee durchschnitten.

Die auf mäßiger Erhebung liegende Stadtkirche, die dem heiligen Lothar geweiht sein soll, gehört ohne Zweifel der Zeit Vicelins (ca. 1150) an, doch ist von dem alten Bau außer Teilen des Chorraumes nichts erhalten. Sie ist als Ziegelrohbau ausgeführt, während das Mauerwerk des ältesten Teiles aus Feldsteinen besteht, hat ein Ziegeldach und 3 Eingangstüren, eine im Turm, eine an der Nordseite und die sogen. Segenstür in der Nähe des Altars. Ihre jetzige Gestalt erhielt sie durch einen größeren Umbau 1682–1702; der Turm ist, nachdem der bisherige 1693 eingestürzt, 1726 erbaut und hat ein stumpfes Dach.

Gegenwärtig hat Preetz eine Bürger-Knabenschule und eine Bürger-Mädchenschule mit je 8 Klassen. Außerdem besteht eine städtische 5klassige Knaben-Mittelschule und eine private höhere Mädchenschule mit 4 Klassen.

Das gewerbliche Leben und das Handwerk. Schuhmacher, zur Zeit sind noch vorhanden 3 Meister, die mit ca. 90 Gehilfen (hauptsächlich Heimarbeiter) und Gesellen für den Export arbeiten, während nur noch 8 Meister die Märkte beziehen.

Während die Schuhmacherei allmählich ausstirbt, hat sich in den letzten 20 Jahren die Wurstmacherei zum Export in erheblicher Weise entwickelt und betreiben dieselbe z.Zt. 10 Meister mit 80 Gehilfen, sowie mit 13 Motoren von 2–22 Pferdestärken. An größeren industriellen Unternehmungen bestehen z.Zt.: die Bergbrauerei mit 20 Arbeitern, eine Walzfabrik mit 20 Arbeitern, eine Färberei und Spinnerei mit 36 Arbeitern, eine Holzbearbeitungs- und Kistenfabrik mit 50 Arbeitern, eine Essig- und Hefenfabrik und Spiritus-Brennerei mit 10 Arbeitern, eine Dampftischlerei mit 13 Arbeitern, eine Hartsteinfabrik mit 10 Arbeitern. An Geldinstituten: die (städtische) Spar- und Leihkasse, die Kreditbank, eine Geschäftsstelle der Holstenbank. 3 praktizierende Ärzte, 1 Apotheke, 1 Rechtsanwalt und Notar, eine Druckerei, die die Preetzer Zeitung herausgibt. In neuester Zeit ist eine Imkerschule (100 Bienenvölker) eingerichtet. Im Besitz der Stadt befindet sich eine Gasanstalt. Bei derselben befindet sich eine städtische Zentesimalwage für den öffentlichen Gebrauch. Sodann bestehen hier eine städtische Kaltwasser-Badeanstalt im Kirchsee, sowie eine freiwillige und eine Pflichtfeuerwehr.

Areal des Stadtbezirks beträgt 712 ha, wo-

Die Kirche zu Preetz in der Gestalt von 1830. Damals war Preetz ein Flecken, noch keine Stadt. Deshalb Fleckenskirche. Heute: Stadtkirche. Zitat Oldekop: "Seit dem 18. Mai 1870 gilt für Preetz die sog. kleine Städteordnung, welche seit 21. Dezember 1900 durch die volle ersetzt ist."

von nach Abzug für Bauplätze, Hofräume, Straßen usw. 634 ha für den Landbetrieb verbleiben. Die Bevölkerungszahl beträgt 5060. Der Viehbestand beträgt 180 Pferde, 301 Rinder und 1206 Schweine."

Kloster Preetz:

"Preetz, adl. Kloster, Gutsbezirk im Amtsbezirk Ostwalddistrikt, Areal 3644 ha, davon Acker 1581 ha, Wiesen 262 ha, Hölzung 941 ha, Gewässer 636 ha, Weiden und Ödland 124 ha. 67 Wohngebäude, 503 Einwohner. (...) Das adl. Kloster Preetz mit dem Klosterhof liegt unmittelbar an der Stadt Preetz, ist aber von der Stadt völlig abgeschlossen."

(Quelle: "Topographie des Herzogtums Holstein einschließlich Kreis Herzogtum Lauenburg, Fürstentum Lübeck, Enklaven (8) der freien und Hansestadt Lübeck, Enklaven (4) der freien und Hansestadt Hamburg" von Henning Oldekop. Verlag Lipsius & Tischer. Kiel. 1908.)

Die Wassermühle in Preetz um 1900. Bildnachweis: Archiv Pauselius, Preetz.

Die Innung der Weber wurde – nach Oldekop – 1655 aufgerichtet.
Bild: Im "Weberhaus", Löptiner Straße Nr. 10, haben Webermeister der Familie Holtorf von 1669 an fast zwei Jahrhunderte lang gearbeitet und gewohnt. Foto: 2005

Ratzeburg

Ratzeburg 1824: den "Stadtcommissarius" ernennt der König

"Ratzeburg, ehemals befestigte Stadt auf einer Insel in einem See; jetzt sind die Wälle und Festungswerke auf der einen Seite abgetragen. Eine Brücke nach der Mecklenburgischen Seite verbindet die Stadt mit dem festen Lande; sie ist 460 Schritte lang, mußte von der Stadt erhalten werden, ist aber auf Bitte derselben vom Könige übernommen. Die Stadt hat 220 Häuser, insofern sie zu Lauenburg gehört, denn der nördliche Theil ist nebst dem Dom und der Domschule Mecklenburg-Strelitzsch. Einwohner über 2.000. Sitz der Landescollegien, d.i. der Regierung, des Hofgerichts und des Consistoriums; ferner des Landdrosten und des Superintendenten. Auch werden die besondern Versammlungen der Landstände hier gehalten. Der Stadtmagistrat besteht aus einem Bürgermeister, 4 Rathsverwandten und einem Stadtsecretär. Der Stadtcommissarius ist der vom Könige ernannte Präses des Magistrats, welchem zugleich die Verwaltung der Polizei obliegt. Königl. Postamt. Patron der Kirche ist der Magistrat. Mit dem Pastorat ist die Superintendentur verbunden. Wen der König zu den letztern ernennt, den wählt der Magistrat zum Pastor. Zur Wahl des Diaconus, der zugleich Garnisonsprediger ist, schlägt der Magistrat dem Consistorium 3 Candidaten vor, wovon dieses einen wählt und bestätigt. Bürgerschule mit einem Rector und mehreren Unterlehrern. Bibelgesellschaft."

(Quelle: "Topographie des Herzogthums Holstein, des Fürstenthums Lübeck, des Gebiets der freien Hansestädte Hamburg und Lübeck, und des Herzogthums Lauenburg" von Joh. Friedr. Aug. Dörfer, Diaconus der Fleckenskirche in Preetz. 4. Auflage. 1824.)

Ansicht von Ratzeburg 1588. Im Vordergrund die 1689 abgetragene Burg. Der Dom ist im oberen Teil des Bildes, ganz links, zu erkennen.

Ratzeburg 1908: Die Häuser in 6 quadratischen Gruppen

Der Ratzeburger Dom. Der von Heinrich dem Löwen entscheidend geförderte Bau wurde um 1160/70 begonnen und bereits 1220 vollendet. Foto: 2001

"Ratzeburg, Kreisstadt im Kreis Herzogtum Lauenburg, zum Teil auf einer Insel im Ratzeburger See gelegen, an den Bahnlinie Hagenow-Oldesloe-Neumünster und Lübeck-Büchen, Kleinbahn Staatsbahnhof-St. Georgsberg-Ratzeburg. (Ratzeburg-Thurow im Bau). Kunststraßen nach Lübeck, Mölln, Gadebusch in Mecklenburg, Oldesloe und Schönberg in Mecklenburg. Postamt I. Klasse. Amtsgericht. In Garnison das Lauenburgische Jägerbattailon Nr. 9.

Die Stadt liegt auf einer aus zwei Anhöhen bestehenden, durch Dämme mit dem Festlande verbundenen Insel. Der größere südliche Hügel enthält die Stadt, der kleinere nördliche den zum mecklenburg-strelitzschen Fürstentum Ratzeburg gehörenden Domhof mit dem Dom und dem mit alten Linden bestandenen Palmberg. Ratzeburg hat breite gerade verlaufende Straßen; regelmäßige Plätze legen die Häuser in 6 quadratische Gruppen, die vielfach mit Gärten umgeben sind. Ratzburg hat jetzt (d.i. 1908) 459 Wohngebäude, 4342 Einwohner. Vom Stadtbahnhof führt die Bahnhofstraße zum Marktplatz. Den großen Platz begrenzen mehrere öffentliche Gebäude, nördlich das 1843 gebaute Rathaus, südlich die Superintendentur mit der dahinter liegenden Petrikirche, westlich die Wache und das Kreishaus. Die Ostfront des Marktes nehmen die beiden größten Hotels der Stadt ein: der 'Ratskeller' und 'Stadt Hamburg'. An der Seepromenade erhebt sich, von 2 kleinen Türmen flankiert, die große Seebadeanstalt.

Die hervorragendste Sehenswürdigkeit ist der Dom, auf der Nordspitze der Insel und mit dem ihn umgebenden Gelände, dem Domhofe, zu Mecklenburg-Strelitz gehörig. Der Dom von Heinrich dem Löwen in der zweiten Hälfte des 12. Jahrhunderts gegründet, ist ein gewaltiger Bau aus festen Backsteinen; er gehört zu den bedeutendsten Bauwerken Deutschlands und ist im Innern reich an Altertümern. Das umgebende Gebiet wird Domhof genannt, daselbst liegen mehrere Gebäude des alten Domkapitels und das Haus der Bischöfe.

Vom Domhof aus führt der Weg nach der Fähre, welche mit den gegenüberliegenden mecklenburg-strelitzschen Dörfern Baeck und Römnitz verkehrt.
Östlich von Ratzeburg liegt die Vorstadt Dermin, etwa 20 Wohngebäude, während die Gemeinde St. Georgsberg mit dem Landratsamt als westliche Vorstadt anzusehen ist. Die Verwaltung der Stadt ruht in den Händen des Magistrats: Bürgermeister Tronnier, 5 Stadträte; sodann 8 Stadtverordnete. Vermögen der Stadt (1905): Städtische Gebäude: Rathaus, Schulhaus, Präparandenanstalt, Pfänderhaus, Lins-tow'sches Haus, Krankenhaus, Wilhelm-Augusta-Krankenhaus, Marienstift, Cholerahaus, Gefängnis, Spritzenhäuser, Militärgebäude, insgesamt Versicherungswert 385.486 Mark. Ländereien 207 ha im Wert von 169.912 Mark.- Inventar versichert mit 24.185 Mark. Kapitalvermögen 235.000 Mark. Schulden 517.383 Mark. Mithin betrug 1905 der die Schulden übersteigende Vermögensstand 286.973 Mark.
Die Kirche ist ein nüchternes Ziegelbauwerk ohne Turm. Kreisgymnasium. Königliches Lehrerseminar mit Präparandenanstalt und Seminarschule.
Gewerbliche und Beschäftigungsverhältnisse: 1 Tuchfabrik, 2 Dampfsägereien, Aktien-Bierbrauerei, Dampfziegelei, 1 Windmühle, 1 Wassermühle, Molkereigenossenschaft, Holz- und Getreidehandlungen. Alle Gewerbe und Handwerke sind vertreten. 1 Kreisarzt, 3 Ärzte, 1 Kreistierarzt. 'Ratzburger Anzeiger' und amtliches Kreisblatt. Mehrere Hotels, Restaurants und Wirtschaften in der inneren Stadt und Vorstadt. Stadtgebiet und Landwirtschaft: Areal der Stadt 757 ha, davon Acker 590 ha, Wiesen 35 ha, Weiden 15 ha, Hölzung 54 ha."

Heinrich dem Löwen haben die Ratzeburger stets ein besonderes Andenken bewahrt. Schließlich hatte dieser 1143 die Grafschaft Ratzeburg neu gegründet. Und dann den Bau des Domes finanziell sehr unterstützt. Im Dom erinnert ein Glasfenster (Bild) an diesen Welfenherzog. Links Heinrich der Löwe, der eine Miniatur "seines" Ratzeburger Domes in der rechten Hand trägt. Rechts seine Frau Mathilde. Sie hält eine Krone in der Hand. Mathilde war eine englische Königstochter. Foto: 2001

(Quelle: "Topographie des Herzogtums Holstein einschließlich Kreis Herzogtum Lauenburg, Fürstentum Lübeck, Enklaven (8) der freien und Hansestadt Lübeck, Enklaven (4) der freien und Hansestadt Hamburg" von Henning Oldekop. Verlag Lipsius & Tischer. Kiel. 1908.)

Herzog Adolf IV. von Mecklenburg-Strelitz ließ 1764–1766 auf seinem Domhofgelände nobel bauen: ein stattliches Herrenhaus (Bild) mit Ehrenhof, flankiert von zwei kleinen Nebengebäuden, damals Pferdestall und Wagenremise. Heute: Kreismuseum des Kreises Herzogtum Lauenburg. Foto: 2009

Reinbek

Reinbek 1824: Acht herrschaftliche Wohnungen

"Reinbek, Amtshaus, 2 Meilen von Hamburg, an der Bille, im Amt gleichen Namens. Kirchspiel Steinbek.
8 herrschaftliche Wohnungen, 7 Erbpachtsstellen, 1 Halbhufe, 12 Kathen. Mühle. Ziegelei. Volkszahl: 54 Familien, 295 Personen. Das ehemalige hiesige Nonnenkloster ging zur Zeit der Reformation ein. Jahrmarkt am Montage vor Vitus und vor Gallus."

(Quelle: "Topographie des Herzogthums Holstein, des Fürstenthums Lübeck, des Gebiets der freien Hansestädte Hamburg und Lübeck, und des Herzogthums Lauenburg" von Joh. Friedr. Aug. Dörfer, Diaconus der Fleckenskirche in Preetz. 4. Auflage. 1824.)

Idyllische Partie in Reinbek nach einer Zeichnung von Fritz Stoltenberg, um 1895.

Reinbek 1908: 1874 Einwohner, 79 Pferde, 182 Rinder

"Reinbek, Landgemeinde und fleckenartiger Kirchort. 5 km nö. von Bergedorf, mit Hamburg durch Chaussee verbunden. Postamt II. Klasse und Eisenbahnstation (Berlin-Hamburg). Areal 643 ha, davon Acker 425 ha, Wiesen 78 ha, Hölzung 79 ha. 227 Wohngebäude, 1874 Einwohner, 79 Pferde, 182 Rinder.
Die Kirche liegt in der Mitte des Ortes am Wege nach Schönningstedt, massiver Ziegelsteinbau in gotischem Stil, 1901 eingeweiht. Turm 50 Meter hoch. Schöne Glasfenster. Kanzel aus Eichenholz geschnitzt mit den allegorischen Darstellungen von Glaube, Liebe, Hoffnung stammen aus der Schloßkapelle, ebendaher auch zwei schöne alte Messingleuchter. 3 Glocken. Zur Kirchengemeinde gehören die Dörfer Glinde, Schönningstedt, Ohe, Wentorf und Gutsbezirk Silk.

Herzog Adolf I. von Holstein-Gottorf hat Schloß Reinbek (Bild) um 1570 errichten lassen. Nicht als ständige Residenz, eher als gelegentlich genutztes Jagdschloß. Was Sinn ergab, liegt der wildreiche, große Sachsenwald doch gewissermaßen vor der Tür. Gebaut hat Herzog Adolf das Schloß Reinbek nach seiner Heirat mit Christine von Hessen. Vermutlich in der Absicht, es für seine Frau als Leibgedinge zu reservieren. Leibgedinge – so sagte man damals – diente der Versorgung der Witwe in Form eines lebenslangen Nießbrauches von Immobilien, im Voraus vom Ehemann bestellt. In diesem Sinn hat Schloß Reinbek als Leibgedinge auch tatsächlich gedient. Zuerst der besagten Herzogin Christine von 1586 bis 1604. Sodann, von 1614 bis 1636, der Herzogin Augusta von Dänemark, Ehefrau des Gottorfer Herzogs Johann Adolf, des Nachfolgers von Herzog Adolf I. Foto: 2005

Sankt-Adolf-Stift in der Talstraße, Niederlassung der Grauen Schwestern vom Mutterhause in Breslau. Krankenhaus ca. 60 Betten. Wasserheilanstalt Sophienbad, 1858 gegründet. 1 Sanatorium für Alkoholiker. Vierklassige Volksschule, 1 höhere Mädchenschule, 1 Warteschule und Nähschule. Fabrik chemischer Öle. Hotel Schloß Reinbek, Hotel zur Wildkoppel, Scherer's Hotel. Gesellschaftshaus zur Harmonie. Größere Anzahl von Geschäften und 30 Gewerbetreibende. Elektrizitätswerk mit Dampf- und Wasserkraft. 3 Ärzte, Apotheke."

(Quelle: "Topographie des Herzogtums Holstein einschließlich Kreis Herzogtum Lauenburg, Fürstentum Lübeck, Enklaven (8) der freien und Hansestadt Lübeck, Enklaven (4) der freien und Hansestadt Hamburg" von Henning Oldekop. Verlag Lipsius & Tischer. Kiel. 1908.)

Schloß Reinbek mit dem Schloßturm. Foto: 2005

Nach der Zeit der Gottorfer Herzöge und deren Witwen erlebte Schloß Reinbek wechselvolle Zeiten mit unterschiedlicher Nutzung. 1773 drohte sogar der Abriß. In der Zeit als Hotel wurde es durch Umbauten zum Teil geradezu entstellt. 1972 haben der Kreis Stormarn und die Stadt Reinbek das Schloß erworben und es nach und nach originalgetreu im alten Stil restauriert. Bild: Arkadengang im Schloß Reinbek. Foto: 2005

Rendsburg

Rendsburg 1789: Hat "Communication" mit der Nord- und Ostsee

"Wichtiger (als Glückstadt) ist in vieler Hinsicht Rendsburg, die Hauptfestung. Sie hat ohngefähr 3000 Einwohner. Die Stadt hat ziemlichen Landhandel. Bey ihr endigt sich auch der neuangelegte Canal), aus welchem die Schiffe in die Eyder gehen. Der Ort kann dadurch in der Folge noch ein wichtiges Gewerbe erhalten, da er nun Communication mit der Nord- und Ostsee hat."*

(Quelle: "Reisejournal Niedersachsen". 3 Bände. Erschienen 1789 unter dem Pseudonym "Quintus Amelius Publicola". Das ist Johann Hermann Stoever. Nachdruck im Verlag D. u. K. Kötz. Hamburg. 1975. Unter Niedersachsen versteht Stoever nicht den historischen niedersächsischen Kreis des deutschen Reiches, sondern jene Teile des alten Sachsenraumes, die sich bis zum Meer hin erstreckten. Also auch Holstein.)

*) Canal = 1784 eröffnet, damals Schleswig-Holsteinischer Canal (Kanal) genannt, später Eider-Kanal. Von (Kiel-) Holtenau über Rendsburg bis Tönning. Ab Rendsburg bis Tönning wurde die vertiefte und in einigen Abschnitten begradigte Eider genutzt.

Diese Eiderschleuse in Rendsburg wurde 1893 errichtet als Ersatz für die Vorgängerschleuse aus der Bauzeit des Eider-Kanals (eröffnet 1784). Nachdem 1937 die Obereider von der Untereider getrennt worden war, hatte diese Schleuse ausgedient und wurde abgebaut.
Foto: 1913, Zerssen-Presse-Archiv

Rendsburg 1824: Mit 3 Bürgermeistern

Ehemalige Öl- und Graupenmühle am Jungfernstieg in Rendsburg. Erbaut 1719 von Levin Holländer. Durch Kauf wurde 1892 Adolf Sahr Eigentümer, (Stadtarchiv Rendsburg).

Fachwerkgebäude aus "älterer Zeit" am Paradeplatz in Rendsburg. Hier am Beginn der Königstraße. Foto: 2009

"Rendsburg. Stadt und Festung an der Eider an den Gränzen des ehemaligen deutschen Reichs. Station für ordentliche und Extrapost. Entfernung von Kiel 5 Meilen. Königl. Zollcontrolle.Die Stadt wird in die Alt- und Neustradt, oder Neuwerk getheilt. Letztere ist mit dem Kronenwerke 1690 vom Könige Christian V. angebauet, und zwar das Kronenwerk da, wo vorher das Dorf Vinzier und die Kirche Campen sich befanden, also zu Norden der Stadt auf der Schleswigschen Seite; die Neustadt dagegen im Süden der Stadt auf der Holsteinischen Seite. Die Schlangenallee ist ein angenehmer Spaziergang an der Eider. Im Kronenwerk ist die letzte Canalschleuse) und einige Packhäuser.*

*Volkszahl 3.654 und vom Militär 3.276. Häuser 570; überhaupt über 600 Feuerstellen (= Herdstellen). Privilegirte Klokkengießerei für (die Herzogtümer) Schleswig und Holstein. 1 Strumpfweberei. 1 Essigbrauerei. Einige Rauch- und Schnupftobacksfabriken. Kornwassermühle, die auf Zeitpacht ausgethan ist. Lombard**), dessen Gewinn zu gleichen Theilen der Armenkasse, dem Magistrat und dem Leihverwalter zufällt.*

2 Armenhäuser. Lehr- und Arbeitsschule für dürftige Kinder.

Der Magistrat besteht aus 3 Bürgermeistern, 4 Rathsverwandten und einen Stadtsekretär, 12 deputirte Bürger. In der Stadt wohnt auch der Amtmann und Amtsverwalter des Amtes Rendsburg.

*Buchdruckerei, Wochenblatt. Freimaurer-Loge Carl zum rothen Löwen. Gelehrtenschule mit 4 Lehrern. Bibelgesellschaft. An der Altstädter- oder Marienkirche sind 2 Prediger, Pastor und Archidiaconus. Die Neuwerker Christ- oder Garnisonkirche hat 2 Prediger, Pastor, der zugleich Probst der Probstei Rendsburg ist und Diaconus***). Beide ernennt der König."*

(Quelle: "Topographie des Herzogthums Holstein, des Fürstenthums Lübeck, des Gebiets der freien Hansestädte Hamburg und Lübeck, und des Herzogthums Lauenburg" von Joh. Friedr. Aug. Dörfer, Diaconus der Fleckenskirche in Preetz. 4. Auflage. 1824.)

*) Canalschleuse = Schleuse des Eiderkanals

**) Lombard: Kredit, bankmäßige Beleihung beweglicher Sachen, z.B. Waren, Wertpapiere

***) Diaconus: Zweiter oder dritter Pastor einer evangelischen Gemeinde. Auch Hilfsgeistlicher/Prediger ohne Hochschulausbildung, Pfarrhelfer

Rendsburg 1872: Vier Nachtwächter gesucht

"Vier Nachtwächterposten sind in der Stadt Rendsburg neu zu besetzen. Mt diesen Posten welche auf 1monatliche Kündigung vergeben werden, ist eine jährliche 132 Thaler 7 Silbergroschen 6 Pfennige betragende Einnahme und alle zwei Jahre die Lieferung eines Dienstrockes verbunden. Bewerber um dieselben werden hierdurch aufgefordert, ihre Gesuche unter Anlegung ihrer Zeugnisse innerhalb einer Frist von 3 Monaten hierselbst einzureichen.
Rendsburg, den 8. December 1872.
Der Magistrat."

(Quelle: "Amtsblatt der Königlichen Regierung zu Schleswig" vom 21. Dezember 1872.)

So sah ein Zeichner im Jahr 1872 einen Nachtwächter – ironisch leicht verfremdet. Allerdings: Unter ihrem "Dienstrock" trugen die Nachtwächter wegen der Kälte in langen Winternächten oft mehrere "Schichten" weiterer Kleidung. Und sahen dann ziemlich "pummelig" aus.

Rendsburg 1908 und 1926: Die "Chemische Düngerfabrik Rendsburg"

"Rendsburg, Kreisstadt an der Eider (...) Bevor wir in die Altstadt eintreten, wählen wir den Weg zwischen Stadthalle und Spar- und Leihkasse in nö. Richtung und gelangen zum 'Eiland' mit der Eiderhalle, den Dampferanlegeplätzen und zum Hafen an der Obereider. Am Ufer der Obereider Elektrizitätswerk und Gasanstalt. Weiter gehts nach der Chemischen Düngerfabrik. Die Fabrik wurde von vornherein sehr groß angelegt und ist im Laufe der Zeit immer mehr erweitert, sie liegt direkt am Audorfer See und damit an der großen Wasserstraße (Nord-Ostsee-Kanal). Außer anderen Rohmaterialien werden ganze Schiffsladungen von Walfischknochen zu künstlichem Dünger verarbeitet. Den Hof Nobiskrug mit Ländereien hat die Fabrik angekauft."

(Quelle: "Topographie des Herzogtums Holstein einschließlich Kreis Herzogtum Lauenburg, Fürstentum Lübeck, Enklaven (8) der freien und Hansestadt Lübeck, Enklaven (4) der freien und Hansestadt Hamburg" von Henning Oldekop. Verlag Lipsius & Tischer. Kiel. 1908.)

Angemerkt:

Am 19. Mai 1876 hatte P.H. Eggers die Chemische Düngerfabrik Rendsburg gegründet. Nachstehend einige Zitate aus der Jubiläumsschrift vom 19. Mai 1926 zum 50jährigen Bestehen des Unternehmens.

Luftaufnahme der Chemischen Düngerfabrik Rendsburg. Foto: 1924, Firmenschrift

In der Superphosphathalle der Chemischen Düngerfabrik Rendsburg: Sacken der Ware. Foto: 1935/1926, Firmenschrift

"Als Fabrikgebäude kaufte P.H. Eggers ein Herrn Holler gehörendes Grundstück an der Obereider, die sogenannte Glashütte, 4,65 ha groß, mit einigen Arbeiterwohnhäusern und einem massiven Schuppen zum Preise von Mk. 10.000. Die Knochenverarbeitung kam zunächst in Betrieb. Eggers mußte die Arbeiter - Landarbeiter aus Schacht-Audorf - eigenhändig anlernen. Im Herbst 1877 konnte etwas Knochenmehl und 1878 schon Knochenkohle geliefert werden. Die Schwefelsäurefabrik wurde 1878 fertig und damit begann die Herstellung von Superphosphat.

1881 konnten 10% Dividende gezahlt werden. (Die Düngerfabrik war Aktiengesellschaft) .

Im Jahre 1881 tauchte die Erfindung auf Knochen mit Benzin zu entfetten, was gegenüber der bisherigen Entfettung mit heißem Wasser erheblich billiger war. Rendsburg war eine der ersten Anlagen, die die Erfindung in die Praxis umsetzte.

Um nach der Fertigstellung des Nord-Ostsee-Kanals (damals "Kaiser-Wilhelm-Kanal") diesen für die Fabrik gleich auszunutzen, wurde ein hölzernes Bollwerk von 180 Meter Gesamtlänge, wovon 75 Meter mit 6 Meter Wassertiefe, gebaut. Die damals üblichen Phosphat-Überseedampfer von 2000 bis 3000 tons konnten hier gut gelöscht werden. Im Juni 1895 legte der erste Phosphatdampfer aus Florida an der Fabrik an.

1913 wurde das Aktienkapital auf Mk. 2.500.000 erhöht.

So bot die Fabrik in den Jahren vor dem Kriege (Erster Weltkrieg) das erfreuliche Bild einer ständig aufwärtsstrebenden, sich vergrößernden und verbessernden Industrie-Anlage. Der Absatz hatte sich auf 3 Millionen Zentner im Werte von 7 Millionen Mark (Goldmark) im Jahr gehoben. Außer künstlichen Düngemitteln wurde Knochenkohle und Knochenleim hergestellt und teilweise exportiert."

SCHLESWIG

Schleswig 1784: Über die Fischbrücke zum Kloster

"Schleswig, Haubtstadt im Herzogthum dieses Namens, liegt in einer anmuthigen Gegend an der Schley. Sie hat wohlgebaute Häuser, breite Strassen, und für ihre Grösse auch eine hinlängliche Anzahl Einwohner. In dem Dom oder St. Peterskirche besieht man vornehmlich den künstlichen Altar, die fürstliche Gruft und übrigen Monumente.
Auf dem Holm, zu welchem man vermittelst der Fischbrücke gelangt, befindet sich das adeliche Johanneskloster mit einer Priörin und 9 Fräulein. Nahe der Stadt liegt das berühmte Schloß Gottorf.
Die Lebensart zu Schleßwig rühmt man als angenehm und gesellschaftlich. Die Einwohner verfertigen allerley wollene Stoffe, steinerne Gefäße, feinen Zwirn zu Spitzen und sehr schönen Battist."

(Quelle: "Geographisch-Historisch-Statistisches Zeitungs-Lexicon" von Wolfgang Jäger. 2. Teil, M–Z. Bei: Ernst Christoph Grattenauer. Nürnberg. 1784.

Gebäude des ehemaligen Klosters St. Johannis auf dem Holm in Schleswig. Es gilt als der besterhaltene mittelalterliche Klosterkomplex Schleswig-Holsteins. Das Kloster entstand vermutlich zwischen 1200 und 1230. Seit der Reformation adeliges Damenstift. Foto: 2011

Giebelfront der historischen Kirche des St. Johannis-Klosters in Schleswig. Das Dachreitertürmchen wurde erst 1907 aufgesetzt, als Rochus von Liliencron Klosterpropst war. Foto: 2009

Schleswig 1822: 1280 Häuser, 5 Kirchen, 1 Schloss

Rechte Seite:
Schloß Gottorf -der fünfgeschossige Turmrisalit im Südflügel. Foto: 2004

"Schleswig, im Amt Gottorp am Fluß und Meerbusen Schlei, aus der Altstadt Lollius und Friedrichsberg bestehend, mit 1280 Häusern und 7800 Einwohnern, 5 Kirchen, Rathaus, adeliges Johanniskloster, Waisenhaus, 2 Hospitäler, 2 Arbeitshäuser, Irrenanstalt; Sitz des Statthalters der Herzogthümer Schleswig und Holstein, des Generalsuperintendenten und Generalkriegscommissärs, gelehrte Schule, Taubstummeninstitut, Bibelgesellschaft, Fabriken von Battist, Wollenzeug, Steingut, Segeltuch etc., Handel, Schifffahrt, 200 Schiffe. Bey der Stadt das Schloß Gottorp und Ueberreste des berühmten Danewerks."

(Quelle: "Allgemeines geographisches Wörterbuch von J.G.A. Galletti. 3. Auflage. Hartlebens Verlag. 1822.)

Den wuchtigen Rundturm an der Nordwestecke von Schloß Gottorf ließ König Christian III. von Dänemark um 1538 errichten, als Geschützturm. Foto: 2004

Die Dreifaltigkeitskirche im Schleswiger Stadtteil Friedrichsberg.Ihre Entstehungsgeschichte ist über dem Seitenportal in einer Steininschrift nachzulesen (Stand: 2004):

GOTT ZU EHRN UND DEM SEEL. OSWALD BELING, HAUBTMANN, ZUM GEDECHTNIS LIES DIESE KIRCHE BAUEN DESSEN F. MUTTER ELISABETH BELINGS.
So geschehen in den Jahren 1650/51

ANNO
17 03
KASSE

Schleswig 1906: Jährlich 11 Vieh- und Pferdemärkte

"Schleswig. Stadt. Schleswig, die alte Hauptstadt des Herzogtums Schleswig, ist im Halbkreise um das westliche Ende der Schlei gelegen. Die Stadt besteht aus der mit dem sogenannten Holm vereinigten Altstadt, dem Lollfuß und Friedrichsberg.

Bahnverbindungen: Schleswig liegt an der Linie Hamburg-Vamdrup der Preußischen Staatsbahn. Kleinbahnen gehen nach Süderbrarup-Kappeln, nach Friedrichstadt, nach Satrup (Flensburg, Rundhof). Bahnverbindung ist zwischen Schleswig-Altstadt und Friedrichsberg. Verbindung durch Pferdebahn zwischen Altstadt (Rathausmarkt) und Friedrichsberg-Bahnhof. Dampfschiffsverbindung nach Missunde, Goltoft, Ulsnis, Lindaunis, Sieseby, Karschau, Arinis, Kappeln.

Einwohner und Wohngebäude: (Im Jahr) 1905: 19033 Einwohner, 1782 Wohngebäude in 69 Straßen.

Die Stadtverwaltung, Magistrat und Stadtverordneten-Kollegium, wird wahrgenommen von dem Bürgermeister (z.Z. Julius Heiberg), einem Beigeordneten (Polizeimeister), 2 unbesoldeten Stadträten und 12 Stadtverordneten.

Die Stadt hat Gaswerk (jetzt Aktiengesellschaft) seit 1856, Straßenbahn 1890, Kanalisation 1896 und ff. Jahre; ein östlich des Gallberges in den Jahren 1897 und 1898 errichtetes Wasserwerk versorgt die Altstadt mit Wasser.

Das Stadtgebiet umfaßt 1440 ha, hiervon entfallen 234 ha auf die Straßen, Wege und Gewässer. Der Stadtgemeinde gehören 600 ha. Mit landwirtschaftlichen Betrieben sind 100 Unternehmer vorhanden, in der Stadt

Auf dem Schleswiger Kornmarkt um 1900.

werden über 1200 Pferde, 500 Stück Rindvieh, 7000 Stück Federvieh, 10.000 Obstbäume gezählt. Die Holmer Fischerzunft zählt über 100 Mitglieder. Gefangen werden Heringe, Aale, Hechte, Barsche, Brassen, Riddau, Dorsche, Bütt und Sandarten. Andere Gewerbe anlangend, so befinden sich hier: 26 Bäcker, 51 Kolonialwarenhändler, 25 Gärtner, 4 Holzhändler, 7 Maurermeister, 70 Schlachter, 25 Schlosser und Schmiede, 43 Schneider, 67 Schuhmacher, 31 Tischler und 4 Zimmermeister. An Fabriken und Anlagen: 1 Lederfabrik, 1 Lohgerberei, 1 Weißgerberei, 1 Dachpappen- und Asphaltfabrik, 5 Buchdruckereien, 1 lithographische Anstalt, 2 Zigarren- und Tabaksfabriken, 1 Wollspinnerei, 1 Fortepianofabrik, 4 Mineralwasserfabriken, 3 Maschinenfabriken, 1 Seifenfabrik, 2 Wagenfabriken, 1 Möbelfabrik, 6 Brauereien, 1 Gasanstalt, 3 Sägemühlen und 6 Mühlenbetriebe.

Regelmäßig stattfindende Märkte (Krammärkte) sind der Dommarkt und der Ägidienmarkt. Seit 1888 wird der Dommarkt auf dem freien Platz vor dem Rathause abgehalten. Der Ägidienmarkt ist der besuchteste Jahrmarkt in der Provinz. In der Stadt finden jährlich 11 Vieh- und Pferdemärkte statt.

Die Stadt hat 3 Kirchengemeinden: Der Friedrichsberg gehört zur Friedrichsberger Kirche, der Lollfuß und ein Teil des Stadtweges zur St. Michaeliskirche, welcher auch eine Anzahl benachbarter Landgemeinden angehören. Die Altstadt und der Holm gehören zur Domkirche.

Königliche Domschule mit 350 bis 400 Schülern, Lehrerinnen-Seminar, höhere Töchterschule 279 Schüler, 8 Volksschulen 2328 Schüler, ferner Gewerbe- und kaufmännische Fortbildungsschulen, für Handfertigkeit, Privatschulen, Warteschulen, Kindergärten.

Verschiedene Spar- und Leihkassen. Mehrere Badeanstalten (Schleibäder). Hauptzeitung die Schleswiger Nachrichten; Buch- und Kunsthandungen."

(Quelle: "Topographie des Herzogtums Schleswig" von Henning Oldekop. Verlag Lipsius & Tischer. Kiel. 1906.)

Detail an der Fassade des Hauses Lange Straße Nr. 9. Wappen der Familie Franke, die das Haus 1758 erwarb. Foto: 2004

Fassade des Gebäudes Lange Straße Nr. 9 – das prächtigste Bürgerhaus des Spätbarocks in Schleswig. 1735 für einen Kaufmann errichtet. Foto: 2004

Wedel

Wedel 1856: Ein wohlhabender Ort

"Wedel, Flecken an der Wedeler-Au, die südlich vom Flecken in die Elbe mündet; 1/4 Meile nördlich von der Elbe und 2 Meilen nordwestlich von Altona, wohin von hier eine Chaussee führt, Herrschaft Pinneberg.

Dieser wohlgebaute, ansehnliche und wohlhabende Ort, ehemals ein Dorf, welches erst 1786 Fleckensgerechtigkeit erhielt, enthält, außer einer Freihufe, 9 Vollhufen, 8 Dreiviertelhufen, 13 Halbhufen, 9 Drittelhufen, 9 Viertelhufen, 12 Sechstelhufen, 15 Achtelhufen, 18 Zwölftelhufen, 1 Vierundzwanzigstelhufe, 60 Anbauerstellen und 5 Freihufen. Eine Straße im Flekken heißt Scharenstraße. Ein großes früher Königliches Mühlengewese mit bedeutenden Gebäuden und Ländereien ist in Erbpacht gegeben.

Im Flecken sind 2 Schulen, die Hauptschule mit einem Lehrer in 2 Classen, und die Elementarschule in 2 Classen mit 2 Lehrern (350 Kinder). Volkszahl: 1758, worunter 1 Arzt, 1 Hebungscontrolleur, 1 Zollassistent, 1 Hafenmeister, 36 Schiffer oder Everführer, 3 Pferde- und Viehhändler, 7 Krämer, 12 Brenner und Brauer, 16 Gast- und Schenkwirthe, 5 Schmiede, 2 Schlosser, 8 Bäcker, 5 Schlachter, 8 Zimmerleute, 4 Schiffszimmerleute, 10 Maurer, 8 Tischler, 1 Färber und Handwerker fast aller Art. Hier ist eine Hefenfabrik, eine Essigfabrik und eine Reifschlägerei.

Wedel hält 4 Kram- und Viehmärkte: vierzehn Tage vor Fastnacht, den 23. April, den 25. Mai und den 26. October.

Teile der Inschriften auf Balken am Reepschlägerhaus. Foto: 2003

Die auf dem Marktplatze stehende Rolandssäule, von grauem Sandstein, wird als ein Denkmal der Vorzeit geachtet, und sehr sorgfältig auf Kosten des Fleckens unterhalten; die jetzige ist statt der früheren verfallenen 1651 neu errichtet."

(Quelle: "Topographie der Herzogthümer Holstein und Lauenburg, des Fürstenthums Lübeck und des Gebiets der freien und Hanse-Städte Hamburg und Lübeck" von Johannes von Schröder und Hermann Biernatzki. 2. Auflage, 1. und 2. Band. 1855/1856.)

Wedels schönstes historisches Gebäude, das spitzgiebelige Reepschlägerhaus in der Schauenburger Str. Nr. 4. Mit diesem Spruch, in goldenen Lettern, eingeschnitzt in den Schwellbalken:

"HABE GOTT FUR AUGEN UND IM HERTZEN SO WIRD ER DIR GEBEN WAS RECHT IST UND DEIN HERTZ SICH WÜNSCHT"

Darunter im Türbalken: "HINRICH CHRISTOFFER KELLERMANN ANNA MARGRETA KELLERMANNS ANNO 1758"

Hinrich Kellermann soll ein Findelkind gewesen sein, das es "zu etwas brachte". Sein Beruf, das Reepschlägerhandwerk, machte es möglich. Über 200 Jahre lang haben in diesem Haus Reepschläger gearbeitet und Taue (plattdeutsch: Reep) hergestellt. Foto: 2003

Wedel 1908: Günstige Erwerbsverhältnisse

"Wedel, Stadt im Kreis Pinneberg, 11 km ssw. von Pinneberg, an der Chaussee Altona-Elmshorn, am Landweg von Schulau nach Pinneberg, an der Wedeler Au. Areal 2278 ha, davon Acker 500 ha, Baumschulen 150 ha, Wiesen 270 ha, Weiden 380 ha, Hölzung 200 ha. Viehbestand ca. 300 Pferde, 1000 Rinder, 230 Schafe.

Ein Denkmal der Vorzeit ist die auf dem Markt stehende Rolandssäule, sie ist zuerst im Anfang der 2. Hälfte des 15. Jahrhunderts errichtet, als der aufblühende Handel mit den dänischen Ochsen seinen Weg über Wedel zu nehmen begann; die jetzige Rolandssäule stammt aber sicher erst aus der 2. Hälfte des 16. Jahrhunderts und hat in neuester Zeit die frühere schöne Malerei wieder erhalten.

Wedel von heute. Die Einwohnerzahl 2725 und 300 Wohngebäude. Während die Bevölkerung in früheren Jahren ausschließlich Landwirtschaft betrieb, von der die Gewerbetreibenden und Arbeiter ihre Existenz ableiteten, sind nunmehr die Ackerbaubetriebe vielfach in Gärtnereien und Baumschulen - jetzt 18 Betriebe mit 100

Der Roland von Wedel, oberer Teil. Übrigens: Warum heißen Rolande eigentlich Roland? Nicht nur der in Wedel, sondern auch jene in Bad Bramstedt, Bremen usw. Namenspatron und moralisches Vorbild soll ein leibhaftiger Herr mit Namen Roland sein, der Markgraf der Bretagne und – angeblich – ein Neffe Karl des Großen war. Er starb im Jahr 778. Im "Im Rolandslied", einem französischen Volksepos des 11. Jahrhunderts, wird dieser Roland besungen. "Konrad der Pfaff" hat um 1130 das Rolandslied ins Deutsche übersetzt. Ein (gedachtes) Abbild dieses "Ur-Rolands" kann der Wedeler Roland nicht sein. Denn er trägt die Kaiserkrone auf seinem Haupt, den Reichsapfel in der linken Hand. Folglich: Wedels Roland stellt einen Kaiser dar. Manche meinen, Kaiser Karl soll es sein. Sicher ist das nicht. Der erste Roland in Alt-Wedel ist vermutlich um 1450 errichtet worden, damals wohl aus Holz. Wahrscheinlich 1558 soll er dann aus Bückeburger Sandstein neu aufgebaut worden sein. Renovierungen und Restaurierungen im Laufe der Jahrhunderte folgten. Der Roland war hier, am südlichen Ende des legendären Ochsenweges, das Wahrzeichen der Marktgerechtigkeit. Foto: 2003

ha Land-verwandelt und die Zahl der Kaufleute und Handwerker ist infolge der in Schulau errichteten Zuckerfabrik, welche viele Arbeiter beschäftigt, gewachsen.
Infolge der eingetretenen Verkehrsverbesserungen und wegen der hierorts mäßigen Mietspreise nehmen Handwerker und Arbeiter, welche in Hamburg und Altona beschäftigt sind, ihren Wohnsitz in Wedel. Es verkehren jetzt 12 Züge pro Tag, je für Hin- und Rückfahrt.
Die Stadt ist geschlossen gebaut, der Hauptstraßenzug läuft in Richtung O-W, erst Mühlenstraße, dann Marktplatz, Ansgarius-, Gärtner-, Hörn-, Hafen-, Rist-, Moltke-, Bäcker-, Hinter-, Pinneberger-, Schauenburgerstraße, deren Fortsetzung die Chaussee nach Uetersen ist; sodann einige kleinere. Der Bahnhof ist 1/2 km ö. belegen. 9klassige Schule, 576 Kinder. Gewerbliche Fortbildungsschule. Armenhaus. Städtische Spar- und Darlehenskasse, Filiale der Westholsteinischen Bank.
2 Ärzte, Tierarzt, Apotheke. Die Erwerbsverhältnisse gestalten sich günstig. Am Platze sind: Nordische Holz- und Blechwarenfabrik, Dampfziegelei, Dampf-, Wasser- und Windmühle, 3 Hotels, mehrere Gastwirtschaften. Märkte finden statt: im Januar am 2. Dienstag vor Fastnacht Krammarkt, 14. April Kram- und Viehmarkt, am 3. Sonnabend im August Pferde-, am 26. Oktober Kram- und Viehmarkt.
Der Schiffsverkehr im Wedeler Hafen hat sich auf der früheren Höhe gehalten, die neue Lösch- und Ladestraße erweist sich als gut und praktisch. Jetzt können etwa 20 Schiffe Platz finden, davon 7 am Kai; es verkehren hier im Jahre gegen 200 Fahrzeuge, Frachten sind Kohlen, Torf, Fische, Korn, landwirtschaftliche Bedarfsartikel. Ansässig sind ein Hochsee- und mehrere Elbfischer.
Die Verwaltung der Stadt ruht in den Händen des Bürgermeisters Eggers seit 1902, 2 Stadträten, 6 Stadtverordneten."

(Quelle: "Topographie des Herzogtums Holstein einschließlich Kreis Herzogtum Lauenburg, Fürstentum Lübeck, Enklaven (8) der freien und Hansestadt Lübeck, Enklaven (4) der freien und Hansestadt Hamburg" von Henning Oldekop. Verlag Lipsius & Tischer. Kiel. 1908.)

Klassizistische Haustür im "Alten Brauhaus", Mühlenstraße Nr. 8. Das Gebäude wurde 1731 errichtet. Foto: 2003

WILSTER

WILSTER 1824: KEINE POSTSTATION

"Wilster, Stadt an der Wilsterau, in der davon benannten Wilstermarsch. 8 Meilen von Hamburg, 1 westwärts von Itzehoe, 1 von Crempe, 2 von Glückstadt.
Viermal wöchentlich geht ein Postbote Briefe und Geld von Itzehoe abzuholen; ausserdem gibt es noch andere Boten nach Brunsbüttel, Wewelsfleth usw. Eine Poststation ist hier nicht. Königl. Zollcontrolle. Die Stadt wird in das Quartier auf der alten (212 Häuser) und auf der neuen (148 Häuser) Seite abgetheilt. Volkszahl 1.790 Personen, deren Betrieb in Branntweinbrennerei, Bierbrauerei, Kornhandel und Viehzucht besteht. Die Au befördert den Verkehr. 40 größere und kleinere Fahrzeuge, Stadtskähne genannt. Jahrmarkt auf Bartholomäi und folgende Tage. Pferdemarkt Juli 31. Der Magistrat besteht aus einem Bürgermeister und 2 Rathsverwandten, von denen einer zugleich Stadtsecretär ist. 8 Stadtsdeputirte. Das Lübische Recht erhielt die Stadt 1282 vom Grafen Gerhard II. Die hiesige in den Jahren 1774 bis 80 gebauete Kirche hat 246.000 Mark Courant gekostet. Nicht zur Zierde des sonst schönen Gebäudes, dessen Baumeister Sonnin war, ist der alte Thurm stehen geblieben.
An der Schule ein studirter Rector; ein Schreib- und Rechnenmeister und ein Collaborator.) Arbeitshaus mit einer Werkschule verbunden. Armenhaus."*

(Quelle: "Topographie des Herzogthums Holstein, des Fürstenthums Lübeck, des Gebiets der freien Hansestädte Hamburg und Lübeck, und des Herzogthums Lauenburg" von Joh. Friedr. Aug. Dörfer, Diaconus der Fleckenskirche in Preetz. 4. Auflage. 1824.)

*) Collaborator = hier in der Bedeutung von "geistlicher Hilfslehrer"

Blick auf den achteckigen Turm der Kirche in Wilster, im Kern noch aus der Zeit der Romanik stammend. Das Kirchengebäude entstand in den Jahren 1775–1780 nach den Plänen von Sonnin. Dieser Neubau war erforderlich geworden, nachdem ein Gutachten im Jahr 1765 die bisherige Kirche als baufällig eingestuft hatte. Foto: 2001

Deichstraße (Wende) in Wilster um 1924.

Wilster 1856: In der Stadt sind 5 Goldschmiede

"Wilster, Stadt im südwestlichen Theile des Herzogthums Holstein, in der Wilstermarsch und an der Wilsterau, etwa 1 Meile von der Elbe.
Die Stadt wird in die alte und neue Seite, welche durch die Wilster-Aue getrennt sind, und dann in 4 Quartiere, wovon 2 auf der alten Seite und 2 auf der neuen Seite liegen, eingetheilt. Die Anzahl der Häuser beträgt 358. Die Namen der Straßen sind: Deichstraße, Zingelstraße, Haberstraße, Kohlmarkt, Oevelgönne oder Honigfletherstraße, Hinterstraße, Hofstätte, Johannisstraße, Klosterhof, Bäckerstraße, Schmiedestraße, Blumenstraße und Neustadt; die Apotheke liegt in einer sehr kurzen Straße, welche keinen Namen führt. Eine Gegend der Neustadt wird Schlaat oder Salat genannt. Oeffentliche Plätze sind: der Marktplatz bei der Kirche und Neumarkt. Zu den Stadthäusern gehören: das Rathaus, die Schulgebäude, das Wachthaus, Spritzenhaus und die Wohnungen der beiden Stadtdiener.
Die dem heil. Bartholomäus geweihte Kirche kömmt in einer Urkunde aus dem Jahre 1164 vor; sie war früher ein gothisches Gebäude. Die jetzige Kirche ward in den Jahren 1774 bis 1780 von dem berühmten Baumeister Sonnin erbaut und gehört zu den größten und schönsten des Landes.
Im Innern ist die Kirche ämphitheatralisch, so daß sie von der Kanzel nach allen Seiten hin kann übersehen werden; die schöne Orgel enthält 40 Register.
Die Stadt hat 3 Schulen; eine Knabenschule in 3 Classen, deren erster Classe ein Rector vorsteht, eine Mädchenschule in 2 Classen mit einer Industrieschule, und eine Elementarschule. Volkszahl 1855: 3047.
Die Einwohner ernähren sich vom Handel,

Blick auf Wilster, rechts der Wilsterau. Nach einer Zeichnung um 1895.

den bürgerlichen Gewerben, dem Branntweinbrennen und Bierbrauen und etwas Viehzucht. Die Stadt besitzt 40 größere und kleinere Fahrzeuge zu Versenden der Producte auf der fahrbaren Au, auf der Stör und der Elbe. In Wilster sind 8 Tabacksfabriken, 2 Essigfabriken und 2 Lohgerbereien; Kaufleute sind hier 43, worunter 11 Manufacturhändler, 17 Colonial- und Farbewaarenhändler, 7 Holzhändler, 6 Getraidehändler, 1 Glaswaarenhändler und 1 Uhrenhändler. Hier ist eine Apotheke. Auch sind hier 2 ansehnliche Gasthäuser, das sogenannte Wilstermarschhaus und Nissens Hotel. Mit ältern Zunftartikeln versehene Handwerke sind: Schuster 30, Schneider 19, Tischler 11, Schmiede 16, Goldschmiede 5, Bäcker 18, Weber 8, Barbiere 3, Böttcher 9 und Schlachter 9; mit neueren Zunftartikeln: Zimmerleute 19 und Maurer 8, welche beiden letzteren 40 Gesellen und 8 Lehrburschen beschäftigen. Brauer- und Brennereien sind hier 13.

Der Magistrat besteht aus einem Bürgermeister, der zugleich Polizeimeister und Stadtsecretär ist, und 3 Rathsverwandten; das Collegium der Stadtdeputierten zählt 8 Mitglieder; auch ist hier ein Stadtcassierer. In der Stadt wohnen 1 Zollverwalter, 1 Controlleur nebst Assistent, 1 Postmeister, der Kirchspielvogt der Wilstermarsch, ferner 4 Aerzte.

1855 hat man durch Bohrung im Marschgrunde einen Brunnen mit vorzüglichem Quellwasser erbaut, welcher die Einwohner mit Wasser versieht und von großer Wichtigkeit ist. Wilster hält einen nicht unbedeutenden Krammarkt auf Bartholomäi und an den folgenden Tagen, einen Pferdemarkt am 4. Januar und einen anderen Pferdemarkt am 31. Juli."

Da haben sich doch die Bürger von Krempe, drüben auf der anderen Störseite in der Krempermarsch, ein nobles Rathaus gebaut. 1570 ward es vollendet. Das konnten die Leute von Wilster, diesseits der Stör in der Wilstermarsch, offenbar "nicht auf sich sitzen lassen". Also schritten sie zur Tat, bauten sich ebenfalls ein schönes, reichgeschmücktes, neues Rathaus. Nach geschnitzter Jahreszahl im Schwellbalken des Obergeschosses (Bild) anno 1585 errichtet. Beide Rathäuser haben – renoviert und restauriert – die Zeitläufe überstanden. So kommt es, daß diesseits und jenseits der Stör, rund 16 Kilometer Luftlinie auseinander, gelegen im Kreis Steinburg, die beiden wohl schönsten Renaissance-Rathäuser Schleswig-Holsteins stehen. Foto: 2001

(Quelle: "Topographie der Herzogthümer Holstein und Lauenburg, des Fürstenthums Lübeck und des Gebiets der freien und Hanse-Städte Hamburg und Lübeck" von Johannes von Schröder und Hermann Biernatzki. 2. Auflage, 1. und 2. Band. 1855/1856.)

Detail am historischen Rathaus von Wilster. Foto: 2001

Anhang

Quellennachweis

Für die historischen Originaltexte ist die jeweilige Quelle am Ende eines jeden Berichtes vermerkt.

Zum Teil wurden für Bildunterschriften, Fußnoten und einige Anmerkungen außerdem folgende Quellen genutzt:

Johann Theodor Jablonskies Allgemeines Lexicon der Künste und Wissenschaften. Ausgabe 1767. Bey Zeisens Witwe und Hartungs Erben. Königsberg und Leipzig.

D. Georg Zinkens Allgemeines Oeconomisches Lexicon in zween Theilen. Ausgabe von 1780. In Johann Friedrich Gleditschens Handlung. Leipzig.

Meyers Kleines Konversations-Lexikon in sieben Bänden. 7. Auflage. Bibliographisches Institut. Leipzig und Wien. 1914.

Meyers Großes Taschenlexikon in 24 Bänden. Ausgabe 1983. Bibliographisches Institut AG. Mannheim.

Kiel Lexikon. 2. Auflage. Wachholtz Verlag Neumünster. 2011.

Stormarn Lexikon. Wachholtz Verlag Neumünster. 2003

Hamburg Lexikon. Ellert & Richter Verlag. Hamburg. 2010.

Duden. Rechtschreibung. 19. Auflage. Bibliographisches Institut Mannheim/Wien/Zürich. Dudenverlag. 1986.

Duden. Das Fremdwörterbuch. 4. Auflage. Bibliographisches Institut Mannheim/Wien/Zürich. Dudenverlag. 1982.

Georg Dehio. Handbuch der Deutschen Kunstdenkmäler. Hamburg/Schleswig-Holstein. 2. Auflage. Deutscher Kunstverlag. 1994.

Kunst-Topographie Schleswig-Holstein. Karl Wachholtz Verlag. Neumünster. 1989.

Bildnachweis

Trotz intensiver und umfangreicher Recherche konnten in wenigen Fällen Bildquellen, Zeichner und evtl sonstige Rechteinhaber an Bildern und Illustrationen nicht ermittelt werden. Der Verlag bittet ggf. um Nachricht.
Bis auf wenige Ausnahmen (dort jeweils am Bild vermerkt) stammen alle Aufnahmen und Repros von Werner Scharnweber.

Heimatbuch des Kreises Steinburg, Band 1-3. Glückstadt. 1924-1926: Seite 64 u., 79, 93, 107, 189

Historische Zeichnung aus der dänischen Zeitschrft "I Hjemmet", ca. 1900: Seite 64 o.

Die Schleswig-Holsteinische Bank. Im Selbstverlag der Bank. 1926: Seite 31, 51

Die Bau- und Kunstdenkmäler im Kreis Herzogtum Lauenburg von Dr. R. Haupt und Fr. Weysser. 1890: Seite 165

Die Provinz Schleswig-Holstein von Johs. Schmarje. Ausgabe von 1901. Seite 25 r u.

Geschichte und Art der Baukunst in Nordelbingen in den Herzogtümern Holstein und Lauenburg sowie den Fürstentümern Lübeck und Ratzeburg. Heide in Holstein 1925: Seite 45 o.,72, 95 o., u., 99, 125, 126, 127, 149, 157, 159 o., 159 u., 162

Geschichte und Volkskunde des Kreises Pinneberg. Elmshorn 1922: Seite 38, 39, 151

Kiel und seine Umgebung von M.W. Fack. Kiel. 1867: Seite 101

Nordische Woche Lübeck 1.-11.September 1921. Festschrift und Messekatalog: Seite 117-123

Nordfriesland. Husum 1929: Seite 76

Stadt Schleswig von H. Philppsen. Schleswig 1926: Seite 57

Städtebuch von Braun und Hogenberg, 1588: Seite 23 o., 23 u., 35, 97

Schleswig-Holstein meerumschlungen in Wort und Bild. Kiel 1896: Seite 21, 23 u.l., 29, 56, 67, 75, 169, 190

25 Jahre Westholsteinische Bank 1896-1921. Veröffentlicht 1921: Seite 69

1858-1958. Mit Segel, Dampf und Diesel. Aus der hundertjährigen Geschichte der Firma Sartori & Berger, Kiel. Reederei und Schiffsmaklerei: Seite 100 l., r.

Bisher erschienene Bücher von Werner Scharnweber

152 S. / 203 Abb. / 19.90 €

ISBN 978-3-8378-5033-8

194 S. / 215 Abb. / 9.90 €

ISBN 978-3-86108-955-1

96 S. / 112 Abb. / 9.90 €

ISBN 978-3-8378-4038-4

144 S. / 135 Abb. / 9.90 €

ISBN 978-3-8378-5008-6

60 S. / 57 Abb. / 9.90 €

ISBN 978-3-86108-950-6

Bisher erschienene Bücher von Werner Scharnweber

154 S. / 145 Abb. / 19.90 €

ISBN 978-3-8378-5015-4

128 S. / 148 Abb. / 9.90 €

ISBN 978-3-8378-5022-2

68 S. / 58 Abb. / 9.90 €

ISBN 978-3-86108-943-8

194 S. / 244 Abb. / 19.90 €

ISBN 978-3-86108-905-6

210 S. / 217 Abb. / 9.90 €

ISBN 978-3-86108-481-5

152 S. / 182 Abb. / 9.90 €

ISBN 978-3-8378-5024-6

Bisher erschienene Bücher von Werner Scharnweber

978-3-86108-450-1	Dänemark: Kopenhagen, Seeland – Reisebilder
978-3-86108-451-8	Dänemark: Jütland, Alsen – Reisebilder
978-3-86108-452-5	Wien und Niederösterreich – Reisebilder
978-3-86108-453-2	Von Aero bis Bornholm – Reisebilder
978-3-86108-454-9	Schleswig-Holstein – Reisebilder
978-3-86108-455-6	Algarve – Reisebilder
978-3-86108-456-3	Niedersachsen – Reisebilder
978-3-86108-457-0	Burgenland – Reisebilder
978-3-86108-458-7	Teneriffa – Reisebilder
978-3-86108-459-4	Bayerischer Wald – Reisebilder
978-3-86108-460-0	Hessen – Reisebilder
978-3-86108-461-7	Rheinland-Pfalz – Reisebilder
978-3-86108-462-4	Dänischer Wohld – Reisebilder
978-3-86108-463-1	Mecklenburg-Vorpommern – Reisebilder
978-3-86108-465-5	Brandenburg – Reisebilder
978-3-86108-467-9	Holsteinische Schweiz – Reisebilder
978-3-86108-470-9	Angeln – Reisebilder
978-3-86108-475-4	Eiderstedt /Husum – Reisebilder
978-3-86108-481-5	**Kiel & Umgebung – Reisebilder**
978-3-86108-482-2	Dithmarschen – Reisebilder
978-3-86108-492-1	Fehmarn – Reisebilder
978-3-86108-493-8	Rendsburg /Eckernförde – Reisebilder
978-3-86108-498-3	Schleswig Holstein – Reisebilder
978-3-86108-900-1	Kreis Herzogtum Lauenburg – Reisebilder
978-3-86108-905-6	**Kreis Steinburg – Reisebilder**
978-3-86108-907-0	Kreis Plön – Reisebilder
978-3-86108-910-0	Kreis Nordfriesland – Reisebilder
978-3-86108-911-7	Ostholstein – Reisebilder
978-3-86108-918-6	Lanzarote – Impressionen einer Insel
978-3-86108-922-3	Kreis Pinneberg – Reisebilder
978-3-86108-929-2	Gotland – Impressionen einer Insel
978-3-86108-932-2	**Kiel – Ein Porträt**
978-3-86108-933-9	Eckernförde – Ein Porträt
978-3-86108-934-6	Fehmarn – Ein Porträt
978-3-86108-935-3	Kappeln – Ein Porträt
978-3-86108-936-0	Schleswig – Ein Porträt
978-3-86108-943-8	**Flensburg – Ein Porträt**
978-3-86108-944-5	**Neumünster – Ein Porträt**
978-3-86108-946-9	Kreis Stormarn – Reisebilder
978-3-86108-947-6	**Preetz – Ein Porträt**
978-3-86108-948-3	Probstei – Ein Porträt
978-3-86108-949-0	**Teneriffa – Impressionen einer Insel**
978-3-86108-950-6	**Lübeck-Travemünde – Ein Porträt**
978-3-86108-951-3	**Dänischer Wohld – Ein Porträt**
978-3-86108-952-0	**Flensburg und Flensburger Börde – RB**
978-3-86108-953-7	**Niedersachsen – Reisebilder**
978-3-86108-955-1	**Kreis Segeberg – Reisebilder**
978-3-86108-967-4	Ostseeküste Schleswig-Holstein
978-3-8378-4038-4	**Kieler Sprotten aus Eckernförde ... Kiel**
978-3-8378-4040-7	**Landschaft Angeln/Kappeln – historisch**
978-3-8378-4042-1	Die Eiszeiten in Schleswig-Holstein
978-3-8378-5002-4	**Eiderstedt – Ein Porträt**
978-3-8378-5003-1	Nordostsee-Kanal
978-3-8378-5004-8	**Die Holsteinische Schweiz – Ein Porträt**
978-3-8378-5005-5	Nordseeküste Schleswig-Holstein – RB
978-3-8378-5006-2	Rügen – Ein Porträt
978-3-8378-5008-6	**Rügen – Reisebilder**
978-3-8378-5009-3	Die schönsten Städte Schleswig-Holsteins
978-3-8378-5010-9	**Die Kanäle Schleswig-Holsteins**
978-3-8378-5013-0	**Schleswig-Holstein – anno damals**
978-3-8378-5014-7	Die Schlei – Ein Porträt
978-3-8378-5015-4	**Schleswig-Holstein in alten Zeiten**
978-3-8378-5019-2	Dorfleben in Schleswig-Holstein – hist.
978-3-8378-5022-2	**Nackte Jungfern, Wiesenwolle...**
978-3-8378-5024-6	**Kiel historisch – Impressionen**
978-3-8378-5030-7	**Schleswig-Holstein – historisch**
978-3-8378-5033-8	**Schleswig Holstein – 101 Güter – historisch**

In fett gesetzte Titel sind beim Verlag noch lieferbar!

Impressum

Die Deutsche Bibliothek verzeichnet diese Publikation in der Deutschen Nationalbibliografie; detaillierte bibliografische Daten sind im Internet unter
http://dnb.ddb.de abrufbar.

Edition Temmen e.K.
Hohenlohestraße 21
28209 Bremen
Tel. 0421-34843-0
Fax 0421-348094
info@edition-temmen.de
www.edition-temmen.de

Printed in the EU

ISBN 978-3-8378-5032-1